Hermann-Josef Venetz
Das Vaterunser

THEOLOGIE AKTUELL 9

Hermann-Josef Venetz

Das Vaterunser

Gebet einer bedrängten Schöpfung

EDITION EXODUS
Fribourg/Brig 1989

Die vorliegende Publikation wurde unterstützt durch
die Missionsschwestern von der Heiligen Familie,
Reussbühl/Luzern

Alle Rechte vorbehalten
© Genossenschaft Edition Exodus, Fribourg/Brig 1989
2. Auflage 1990
Fotokopieren nicht gestattet

Titelbild:
anonymer Holzschnitt um 1520–1530 (Ausschnitt)

Umschlag: Bernard Schlup (Gestaltung)/Widerdruck, Bern (Satz)
Satz und Druck: Fuldaer Verlagsanstalt, Fulda

ISBN 3-905575-47-7

Inhalt

Vorwort 7

Gott – unser Vater und unsere Mutter
Ein Plädoyer für die Zärtlichkeit 9

Geheiligt werde dein Name
Geschaffen, um zu loben 16

Dein Reich komme
Die Entmachtung der Götzen 28

Dein Wille geschehe wie im Himmel so auf Erden
Die schöpferische Freiheit der Kinder Gottes 45

Unser tägliches Brot gib uns heute
Eine Bitte zum Überleben 63

Vergib uns unsere Schuld, wie auch wir vergeben
unseren Schuldigern
Durchbruch zum Leben 77

Und führe uns nicht in Versuchung, sondern erlöse
uns von dem Bösen
Der Aufstand der Machtlosen 95

Denn dein ist das Reich und die Kraft und die Herrlichkeit in Ewigkeit
Anbetung 111

Vorwort

Als Jesus seine Jüngerinnen und Jünger das Vaterunser lehrte, übergab er ihnen nicht nur einen Text, den sie leicht auswendig lernen konnten. Im Vaterunser wird offenbar, worauf es Jesus ankommt – im Beten und im Leben.

Jeder Generation ist aufgetragen, das Gebet Jesu vor drohender Erstarrung zu bewahren, es nicht bloß aufzusagen, sondern mit ihm zu leben. Das Vaterunser kann nur als gelebtes und als leben-stiftendes Gebet überliefert werden, als Gebet auf der Suche nach dem, worauf es Jesus ankommt.

Von einem Pfarreiteam wurde ich angefragt, in Karwochenpredigten die bedrohte Schöpfung zu thematisieren. Tschernobyl und Schweizerhalle lagen (und liegen) noch in der Luft. Von Ökologie verstehe ich nicht eben viel. Vom Vaterunser erhoffte ich, daß es mir helfe, die Augen zu öffnen für die Schöpfung und ihre Bedrängnis.

Das Resultat sind die hier gesammelten Gemeindepredigten. Die einen hatten den Abend zu füllen, die andern verstanden sich als Homilien zu den Gottesdiensten des *Triduum Sacrum*. Im Sinne einer größeren Ausgewogenheit habe ich die einen leicht überarbeitet, die andern zum Teil ergänzt, zum Teil neu geschrieben.

Predigten sind es geblieben: mit ihrer unbeholfenen Betroffenheit, mit ihrer mangelnden Systematik, mit ihrer eigenen Logik, mit ihrer ungeschliffenen Sprache. Kleine Versuche, die auf Schritt und Tritt verraten, daß das Lied zu groß ist für den Sänger.

Gewidmet sei die Schrift dem Freundeskreis in und um St. Jodern in Visp.

Freiburg i. Ue., Ostern 1989　　　　　Hermann-Josef Venetz

Gott – unser Vater und unsere Mutter

Ein Plädoyer für die Zärtlichkeit

Der «Vater» muß für vieles herhalten
Beide Worte sagen wir oft genug schnell und unbedacht. «Vater» und «unser». Einerseits ist im Namen des «Vaters», besonders wenn er als der «Allmächtige» beschworen wird, im Laufe der Geschichte zu viel Unheil angerichtet worden, andererseits sind die Erfahrungen, die Menschen mit ihren irdischen Vätern gemacht haben, alles andere als ermutigend. Es rächt sich, daß wir das Wort «Vater» so inflationär gebraucht haben und gebrauchen: Der Bischof ist Vater und der Pfarrer ist Vater und der Papst ist sogar Heiliger Vater und der Krieg ist der Vater aller Dinge; es gibt das Vaterland, den Vater Staat, und der römische Kaiser nannte sich Vater des Vaterlandes. Was soll das denn bedeuten, wenn wir Gott «Vater» nennen? Ist Gott ein Kaiser, doch nur noch viel mächtiger? Oder ist er ein Papst, doch nur noch viel heiliger? Aber was machen wir denn mit dieser Mächtigkeit, was machen wir mit dieser Heiligkeit, wenn Gott nicht nur mächtiger und heiliger Vater ist, sondern – wie Johannes Paul I. uns erinnert – auch bergende und mit-leidende Mutter?

Auch das Wort «unser», das wir dem «Vater» anhängen, geht uns schnell über die Lippen, wenn wir es unbewußt nicht gar total verdrängen. Denn wer Vater und Mutter sagt, sagt auch Bruder und Schwester. Und das könnte leicht ins Auge gehen. Es könnte der Tamile sein, der es sich – wie wir gern sagen – auf unsere Kosten wohl sein läßt. Es könnte die Frau des türkischen Fremdarbeiters sein, die in der Bäckerei vor mir das letzte Brot wegkauft. Es könnte mein Schwager sein, mit dem ich wegen der Erbschaft in Streit geraten bin.

Ich habe nicht im Sinn, einen Vortrag zu halten über die Bedeutung des Vaters in einer Gesellschaft, von der man sagt, sie sei vaterlos, obwohl sie von Patriarchen nur so strotzt. Und ich habe auch nicht im Sinn, vom Wir-Gefühl zu sprechen in einer Gesellschaft, die sich in Individualismus und Gruppenegoismus auflöst. Es möchte aber nicht umsonst sein, bereits zu Beginn des Vaterunsers darauf aufmerksam zu werden, wie fremd und sperrig sich dieses Gebet für unsere Zeit ausnimmt.

Abba

Den ersten Jüngerinnen und Jüngern schon ist aufgefallen, daß Jesus Gott mit «Abba» anspricht. Abba ist wie ein neuer Name für Gott. Und da er so besonders ist und so typisch für Jesus, haben die ersten Christinnen und Christen das Wort lange nicht übersetzt. Es schwingen in dieser Anrede ein Zutrauen und eine Vertraulichkeit mit, die ein ganz neues Licht auf Gott werfen, ein neues Licht auch auf Jesus selbst. Es kommt aber noch etwas Eigenartiges hinzu. Obwohl man sagt, Jesus hätte Gott mit «Abba» angesprochen und die ersten Christen hätten diese Anrede übernommen (wie Paulus uns berichtet), gibt es in den vier Evangelien nur einen einzigen Ort, an dem Jesus so seinen Gott angesprochen hat. Aber so bedrängend die dort geschilderte Situation auch war, bei Jesus hat man nicht den Eindruck, als ob ihm die Anrede fremd gewesen wäre. Sie paßt in sein Leben. Ja, mehr noch: sie gehört irgendwie zum Wesen seines Lebens – und seines Sterbens.

Sie kamen an eine einsame Stelle, die Getsemani hieß. Dort sagte Jesus zu seinen Jüngern: «Setzt euch hier, bis ich gebetet habe.» Petrus, Jakobus und Johannes nahm er mit. Furcht und Zittern befielen ihn, und er sagte: «Auf mir liegt eine Last, die mich fast erdrückt. Bleibt hier und wacht!» Dann ging er noch ein paar Schritte weiter, warf sich auf die Erde und bat Gott, wenn es möglich wäre, ihm diese Leidensstunde zu ersparen. «Abba – lieber Vater», sagte er, «du kannst alles! Laß diesen Leidenskelch an mir vorübergehen! Aber es soll geschehen, was du willst, nicht was ich will.»
Dann kehrte er zurück und sah, daß die drei eingeschlafen waren. Da sagte er zu Petrus: «Simon, schläfst du? Kannst du nicht einmal eine einzige Stunde wach bleiben?» Dann sagte er zu ihnen: «Bleibt wach und betet, damit ihr in der kommenden Prüfung nicht versagt. Den guten Willen habt ihr, aber ihr seid nur schwache Menschen.»
Noch einmal ging Jesus weg und betete mit den gleichen Worten. Als er zurückkam, schliefen sie wieder. Sie konnten die Augen nicht offenhalten und wußten nicht, was sie ihm antworten sollten.
Als Jesus das dritte Mal zurückkam, sagte er zu ihnen: «Schlaft ihr denn immer noch und ruht euch aus? Genug jetzt, es ist soweit; gleich wird der Menschensohn den Feinden Gottes ausgeliefert. Steht auf, wir wollen gehen. Da ist er schon, der mich verrät!»
(Mk 14,32-42)

Ein Gott, der beunruhigt

Das Gebet Jesu in Gethsemani sollte vom Leben Jesu nicht getrennt werden. Halten wir uns die ganze Dramatik und die ganze Spannung vor Augen. Jesus ist mit dem Anspruch aufgetreten, eine besondere Botschaft zu bringen. Für die damalige Zeit war es auch auffällig, wie Jesus mit den Menschen umging, besonders mit den Deklassierten, mit den Randständigen, mit den Zöllnern und Dirnen, mit den Armen und Zukurzgekommenen. Auch die Art, wie Jesus von Gott sprach, war ziemlich neu. Gott wurde nicht mit dem Gesetz identifiziert. Gott verbarg sich nicht hinter Rubriken und Liturgien, nicht hinter komplizierter Theologie und nicht hinter schönen Worten. Für Jesus war Gott ursprünglich, unmittelbar, frisch. Für Jesus wurde Gott gewissermaßen greifbar, leibhaftig, sinnenfällig. Und die Menschen, denen Jesus begegnete, konnten diesen Gott auch wirklich leibhaftig erfahren: Der Gelähmte stand auf, Bartimäus konnte wieder sehen, die blutflüssige Frau und das totkranke Mädchen waren wieder Mitglieder der Gesellschaft, Sünder und Zöllner fanden Tischgemeinschaft.

Für die Theologen und die politisch Verantwortlichen der damaligen Zeit war das, was Jesus brachte, wirklich neu, so neu, daß sie mißtrauisch wurden. Brachte dieser Jesus nicht die ganze Religion, die Ordnung und damit auch die ganze Politik durcheinander? Wäre es nicht besser, diesen Jesus zu liquidieren, bevor die einfachen Leute allzusehr durcheinander gerieten und die Habenichtse den Aufstand probten?

Jesus hat den Widerstand der Verantwortlichen deutlich gespürt. Und nicht nur das. Er mußte wissen, wie wenig zimperlich man früher mit den Propheten umgegangen war. Und sicher war ihm noch ganz deutlich der Tod seines verehrten Meisters Johannes vor Augen, der am Jordan taufte und der von Herodes umgebracht wurde.

Ein Glaube, der durchhält
Je mehr Jesus die Zuspitzung des Konfliktes kommen sah, desto stärker mußte er auch sich selbst in Frage gestellt sehen. Wie sollte er denn den Armen und Kranken, den Ausgestoßenen und Sündern glaubhaft machen, daß Gott zu ihnen hält, wenn er selbst, Jesus, von diesem Gott verlassen wird? Wie sollte er ihnen verständlich machen, daß sie sich an Gott halten können, wenn er selbst, Jesus, von diesem Gott fallen gelassen wird? Wird der Tod, der bevorsteht, nicht alles Lügen strafen, was Jesus gesagt und getan hat? Ist «Gott» nicht doch nur ein anderer Name

für das brutale Schicksal, dem wir nicht zu entrinnen vermögen? Ist Gott nicht doch derjenige, der mit verschränkten Armen dem scheußlichen Treiben zusieht, machtlos vielleicht, uninteressiert vielleicht, oder gar blutrünstig? Und wozu sollte denn dieser Gott gut sein, wenn er uns im entscheidenden Moment doch im Stich läßt? Gott als Täuschung? Gott als Enttäuschung?

Das dürfte vielleicht die Stimmung gewesen sein, in welcher die Jünger mit Jesus in den Ölgarten gingen. Und wenn es von ihnen heißt, sie seien eingeschlafen, will damit vielleicht gesagt sein, daß sie von all dem überhaupt nichts mehr wissen wollten, daß sie die Augen verschließen wollten vor der Grausamkeit des Lebens, die Augen verschließen wollten auch vor einem Gott, den sie nicht verstehen konnten.

Bei Jesus war das anders. Ausgerechnet in dieser Stunde äußerster Bedrängnis und größter Anfechtung spricht Jesus Gott mit «Abba» an, mit «lieber Vater». Gott ist nicht eine anonyme Schicksalsmacht. Gott ist nicht der Zyniker, der mit verschränkten Armen dem Treiben der Menschen zuschaut. Gott ist nicht nur der Lückenbüßer, den wir meinen einsetzen zu können, wenn wir mit unserem Leben nicht mehr zu Rande kommen. Für Jesus ist Gott der liebe Vater und − so darf man sagen − die liebe Mutter. Das ist der Glaube Jesu, der auch dann durchhält, wenn in seinem Leben alles in Frage gestellt ist. Was mich an diesem Glauben am tiefsten beeindruckt, ist die Tatsache, daß es nicht ein sturer, nicht ein verbitterter, nicht ein kalter Glaube ist, sondern daß sich der Glaube Jesu auch immer mit Zutrauen und Zärtlichkeit verbindet, mit Zärtlichkeit und Geborgenheit. Selbst hier in Gethsemani. Abba. Gott als lieber Vater und als liebe Mutter.

Jesus, zärtlich...
An sich sollte das bei Jesus nicht überraschen. Denn zärtlich ging er auch mit den Menschen um. Den Aussätzigen

nahm er in die Arme. Die Schwiegermutter des Simon nahm er bei der Hand. Die Sünderin ließ er gewähren, als sie ihm die Füße salbte und küßte. Den ungläubigen Thomas lud er ein, seine Seite und seine Hände zu berühren. Mit Sündern und Zöllnern lag er zu Tisch. Den Kindern legte er die Hände auf und umarmte sie.

Ich habe mich oft schon gefragt: Ist der Gott Jesu ein so zärtlicher Gott, weil Jesus auch mit den Menschen so zärtlich umgeht, oder geht Jesus mit den Menschen so zärtlich um, weil er an einen zärtlichen Gott glaubt? Sicher ist, daß die Zärtlichkeit Jesu nichts Verniedlichendes und überhaupt nichts Kitschiges an sich hat. Im Gegenteil! Gerade bei ihm kann man lernen: je glaubensfester, desto zärtlicher; je reifer, desto zärtlicher; je erwachsener, desto zärtlicher; je verantwortungsbewußter, desto zärtlicher.

Wir dürfen davon ausgehen, daß Jesus seine Jüngerinnen und Jünger gelehrt hat, Abba zu sagen. Gewiß hat er ihnen dabei mehr als eine Formel auf die Zunge gelegt. Das Abba-Sagen verrät einen Lebensstil. Abba sagen zärtliche Menschen, d.h. reife, erwachsene, verantwortungsbewußte Menschen. Beten und leben sollte auch bei uns eine Einheit bilden.

... und geschwisterlich

Und Jesus hat seine Jüngerinnen und Jünger gelehrt, «Vaterunser» zu sagen. Er hat sie dabei auf ihre Geschwisterlichkeit verwiesen. Das ist auch so ein komisches und neuzeitliches Wort. Und auch ein gefährliches. So wie ich das Bild eines irdischen Vaters oder einer irdischen Mutter, die vielleicht einen Hang zur Besserwisserei und Bevormundung haben, nicht unbesehen auf Gott übertragen soll, so auch nicht das Bild einer sockenstopfenden und suppenkochenden leiblichen Schwester auf meine Mitchristinnen. Was Geschwisterlichkeit bedeutet, könnte uns wohl am besten wieder Jesus sagen. Nur hat er auch hier weniger davon gesprochen; Geschwisterlichkeit hat er gelebt, so wie er «Abba» gelebt hat. Er begegnete seinen Jüngerinnen und Jüngern nicht «von oben herab». Er wollte nicht, daß der reiche Mann sich vor ihm niederwirft und ihm «guter Meister» sagt (Mk 10,17-18). Er ließ sich aber von Petrus auch nicht bevormunden und einschüchtern (Mk 8,32-33). «Vater unser» sagen reife, verantwortungsbewußte, gleichberechtigte Söhne und Töchter, Söhne und Töchter, die eben auch miteinander verantwortungsbewußt und gleichberechtigt – und zärtlich – umzugehen wissen.

Die Anrede im Vaterunser ist wie eine Einladung zur Zärtlichkeit. Wenn wir uns im folgenden vornehmen, mit den Augen des Vaterunsers die Schöpfung zu betrachten, bleibt uns nichts anderes übrig, als auch die Schöpfung in diese Zärtlichkeit mit einzubeziehen. Und umgekehrt: wenn wir zärtlich sind mit der Schöpfung, werden wir auch eine Ahnung bekommen vom zärtlichen Gott. Legen wir doch unsere Ängste ab. Scheuen wir uns nicht, zärtlich zu sein mit den Blumen im Garten und mit den Regenwürmern und mit den Bäumen. Nur echte Zärtlichkeit wird uns auch zu glaubhaften politischen Entscheidungen führen. Scheuen wir uns auch nicht, zärtlich zu sein miteinander; wir helfen so einander zu echter Reife. Und scheuen wir uns nicht, zärtlich zu sein mit Gott, der unser Vater und unsere Mutter ist.

Geheiligt werde dein Name

Geschaffen, um zu loben

Homo creatus est ut laudet et serviat
Noch vor dreißig, vierzig Jahren haben große Prediger und Volksmissionare ihren Predigten einen Spruch vorausgeschickt. Wenn möglich auf Latein. Wenn ich das jetzt auch tue, dann nicht so sehr mit der Absicht, mich in die Reihe großer Prediger einzufügen, sondern Sie an etwas teilnehmen zu lassen, das mich eine Zeitlang sehr beschäftigt und bewegt hat. Es war zu Beginn der 60er Jahre, als ich im Priesterseminar in Sitten mein theologisches Grundstudium absolvierte. Zum Programm und zur Hausordnung gehörten auch die jährlichen Exerzitien. Sie bildeten immer einen wichtigen Abschnitt im Jahr und im Leben überhaupt. Während zehn Tagen haben wir geschwiegen, meditiert und gebetet, und die Stille, die über dem ganzen Haus lag, wurde nur unterbrochen durch die Vorträge des Exerzitienmeisters. Drei bis viermal am Tag hat er uns zusammengerufen, um uns einige Impulse zu geben für unser geistliches Leben.

Da war nun eben einmal ein Exerzitienmeister, der hat seine Vorträge auch jeweils mit einem lateinischen Spruch eingeleitet. Nur: es war immer der gleiche Spruch. Und Sie können sich vorstellen, was das im Laufe der Tage bei den Hörern für eine Wirkung hatte. Die einen ärgerten sich:

Kennt er wirklich keinen andern Spruch? Kann er nicht ein bißchen Abwechslung in die Bude bringen? Andere ließen sich von diesem Spruch immer mehr anstecken und wurden so in eine große Weite hineingeführt.

Worüber der Exerzitienmeister die ganzen zehn Tage hindurch gesprochen hat, weiß ich nicht mehr. Der lateinische Spruch ist mir geblieben. Er lautet: *Homo creatus est ut laudet et serviat.* Der Mensch ist geschaffen, damit er lobe und diene. Am Anfang stand ich dem Spruch recht skeptisch gegenüber. Ich erinnerte mich an die Antwort auf die erste Katechismusfrage: «Wozu sind wir auf Erden?» Sie lautete: «Wir sind auf Erden, um Gott zu dienen und dadurch in den Himmel zu kommen.» Ich hatte immer ein bißchen den Eindruck, diese erste Katechismusfrage wolle aus den Menschen unselbständige Sklavenseelen machen, die erst noch mit Scheuklappen durchs Leben gehen sollen, «um Gott zu dienen und dadurch in den Himmel zu kommen». Es tönte mir immer so ein bißchen wie «Rette deine Seele». Nicht nach rechts und nicht nach links blicken; einfach Gott dienen und dadurch in den Himmel kommen. Befriedigend war für mich diese Antwort nie.

Dem gegenüber war mir der Spruch des Exerzitienmeisters sympathischer. Er brachte an erster Stelle das Loben. Hinzu kam, daß der Exerzitienmeister den zweiten Teil der Aussage meistens nur ganz leise hinzufügte: *Homo creatus est ut laudet – et serviat.* Der Mensch ist geschaffen, um zu loben – und zu dienen. Das Dienen so gewissermaßen als Anhängsel. Ja, hie und da hat er das Dienen überhaupt unterschlagen: *Homo creatus est ut laudet.* Der Mensch ist geschaffen, damit er lobe. Für mich war das etwas ganz anderes als die Antwort auf die erste Katechismusfrage. Geschaffen, um in den Himmel zu kommen? Bedeutet das nicht, daß man schlußendlich das Leben und die Menschen und die Welt gar nicht mehr ernst nimmt? Daß sie nur Mittel zum Zweck sind? Daß sie mir nur dazu dienen sollen, einmal in den Himmel zu kommen?

Mit den Füßen auf dem Boden
Der Spruch des Exerzitienmeisters kannte diese Art von Verzweckung des Lebens und der Welt nicht. Der Mensch ist geschaffen, damit er lobe. Diese Einsicht stellte meine Füße auf den Boden dieser Erde und wies mich zugleich in eine große Freiheit ein. Nicht um den Himmel zu verdienen bin ich geschaffen, sondern um zu loben. Das mühsame Ausrechnen des Lohnes fiel dahin. Vom Leistung-Lohn-Prinzip war ich befreit, das da lautet: Je mehr ich mich abrackere hier auf Erden, desto schöner wird dermaleinst der Himmel sein. All das ist nun nicht mehr wichtig. Der Mensch ist geschaffen, damit er lobe.

Ich fing auch an, die Welt und die Menschen mit neuen Augen zu betrachten. Sie sind nicht nur Mittel zum Zweck. Sie sind nicht dazu da, daß sie mir helfen, in den Himmel zu kommen. Sie sind mir Anlaß zum Loben geworden.

In der Tat gibt es eine wunderbare Wechselwirkung zwischen dem Loben und dem Schauen. Die Psalmen und die Hymnen des Alten Testaments können uns dabei helfen. Wenn der Psalmensänger die Schöpfung auffordert, Gott zu loben, und dabei die Dinge mit Namen nennt: Sonne, Mond und Sterne sollen Gott loben, die Berge sollen Gott loben, die Stürme und der Regen, die fruchtbaren Hügel und die Bäume sollen Gott loben: dann kommt man gar nicht darum herum, all diese Dinge auch richtig anzuschauen. Und dann merkt man, daß das Anschauen beileibe nicht alles ist. Alle Sinne sollen einstimmen und die Schöpfung wahrnehmen. Das Zwitschern der Vögel, den Duft einer Wiese, das Streicheln des Windes...

Im Psalm 148 wird das ganze Weltall aufgefordert, Gott zu loben:

> Lobt den Herrn vom Himmel her, lobt ihn in den Höhen.
> Lobt ihn, all seine Engel, lobt ihn, all seine Scharen;
> Lobt ihn, Sonne und Mond, lobt ihn, all ihr leuchtenden Sterne;

Lobt ihn, alle Himmel und ihr Wasser über dem Himmel!
Loben sollen sie den Namen des Herrn; denn er gebot, und sie waren erschaffen.
Er stellte sie hin für immer und ewig, er gab ihnen ein Gesetz, das sie nicht übertreten.
Lobt den Herrn, ihr auf der Erde, ihr Seeungeheuer und all ihr Tiefen,
Feuer und Hagel, Schnee und Nebel, du Sturmwind, der sein Wort vollzieht,
Ihr Berge und all ihr Hügel, ihr Fruchtbäume und all ihr Zedern,
Ihr wilden Tiere und alles Vieh, Kriechtiere und gefiederte Vögel,
Ihr Könige der Erde und alle Völker, ihr Fürsten und alle Richter auf Erden,
Ihr jungen Männer und auch ihr Mädchen, ihr Alten mit den Jungen!
Loben sollen sie den Namen des Herrn; denn sein Name allein ist erhaben, seine Hoheit strahlt über Erde und Himmel.
Seinem Volk verleiht er Macht, das ist ein Ruhm für all seine Frommen, für Israels Kinder, das Volk, das ihm nahen darf. Halleluja!

Solche Psalmen und Lobgesänge gibt es in der Bibel zuhauf. Dafür bin ich sehr dankbar. Und doch soll uns niemand zwingen, nur vorgedruckte Gebete zu sprechen. Warum sollen wir nicht versuchen, unsere eigenen Beobachtungen mit in unser Beten und Loben einfließen zu lassen? Versuchen wir's doch. Machen wir doch einmal eine kleine Wanderung und halten wir unsere Sinne offen. Stimmen wir ein in das Loben der Schöpfung. Verbrüdern und verschwestern wir uns mit ihr, wie es der heilige Franz im berühmt gewordenen Sonnengesang tat:

Gelobt seist Du mit all Deinen Geschöpfen,
vornehmlich mit der edlen Herrin Schwester Sonne,
die uns den Tag schenkt durch ihr Licht.
Und schön ist sie und strahlend in großem Glanze:

> Dein Sinnbild, Höchster!
> Gelobt seist Du durch Bruder Mond und die Sterne;
> am Himmel schufst Du sie leuchtend und kostbar und schön.
> Gelobt seist Du durch Bruder Wind und die Luft,
> durch wolkig und heiter und jegliches Wetter,
> durch das Du Deinen Geschöpfen Gedeihen gibst.
> Gelobt seist Du durch Schwester Wasser;
> gar nützlich ist sie und demütig und köstlich und keusch.
> Gelobt seist Du durch Bruder Feuer,
> durch den Du die Nacht uns erleuchtest.
> Und schön ist er und fröhlich und gewaltig und stark.
> Gelobt seist Du durch unsere Schwester Mutter Erde,
> die uns ernährt und erhält,
> vielfältige Frucht uns trägt und bunte Blumen und Kräuter.

Ja, selbst mit dem Tod kann sich der Heilige von Assisi verbrüdern:

> Gelobt seist Du für unseren Bruder, den leiblichen Tod;
> ihm kann kein Mensch lebendig entrinnen.

Ich habe noch eine andere Erfahrung gemacht. In der Schule habe ich in den Fächern Zoologie und Botanik nie besonders geglänzt. (Was nicht heißt, daß ich in andern Fächern besser gewesen wäre.) Tiere und Pflanzen mußten wir mit lateinischen Fachausdrücken benennen. Und das haben wir nicht im Freien gemacht, sondern in der stickigen Schulstube anhand eines sogenannten Bestimmungsbuches. Aber wenn mir dann im Freien, in der Natur eine Pflanze oder ein Tier begegnete, war ich immer ein bißchen wie ein Ochs am Berg. Ich kannte zwar viele lateinische Namen, aber einen lebendigen Bezug zur Schöpfung verschafften mir diese Namen nicht.

Als ich damit anfing, in der Natur die Psalmen zu beten und selber auch welche zu «dichten», genügte es mir nicht mehr, einfach nur von Bäumen und Tieren und Steinen zu sprechen, die Gott loben sollen; ich wollte konkreter und persönlicher werden. So ging ich hin, und suchte nach den richtigen Namen. Dieser Birnbaum soll Gott loben und diese Esche, dieser Maulwurf und dieser Maikäfer, dieses Schlüsselblümchen und dieser Aronstab. Und dieser Duft nach Lavendel und dieser Geschmack der wilden Kirsche und dieses Stechen der Distel.

Wenn das Lob verstummt
Ich kann mir denken, daß Sie mich jetzt gerne ein bißchen bremsen möchten. Die Natur spielt uns ja auch böse Streiche – wenn man da überhaupt von Streichen sprechen kann. Ich denke an Erdbeben, an Überschwemmungen, an Dürrekatastrophen, denen immer wieder unzählige Menschen zum Opfer fallen und die immer wieder unsägliches Leid über die Menschen bringen. Muß da das Lob nicht ganz von selbst verstummen? Gewiß, das Verstummen vor so vielem Leid wird oft unsere einzig mögliche Haltung sein. Nur gibt es da noch etwas anderes, das nicht zum Lob einlädt, worüber zu verstummen aber auch Feigheit sein könnte. Unsere Fichten sterben. Den Zitronenfalter kennen wir nur noch aus Büchern. Die Nachtigallen sind verstummt. Der Kopfsalat ist ungenießbar. Der Schnittlauch bleihaltig. An Stelle des Lavendeldufts tritt Benzingestank. Die Wasser plätschern nicht mehr: Sie sind tot.

Wie sollen sie Gott loben? Wie sollen sie uns Anlaß zum Loben sein? Wir sollen doch nicht so tun, als ob die Welt heil wäre. Und wir sollen doch nicht so tun, als ob wir an dem Sterben der Natur überhaupt keine Schuld hätten. Und ich soll auch nicht so tun, als ob ich ein Allerweltsmittel anzupreisen hätte, das die Zerstörung unserer Umwelt aufhalten könnte.

Aber dieses Eine darf ich doch sagen: Wenn wir Menschen unserer Bestimmung nachgekommen wären – *Homo creatus est ut laudet*; der Mensch ist geschaffen, damit er lobe –, wenn wir die Natur wirklich zum Anlaß genommen hätten zum Loben, wenn wir die Schafgarben und die Birken und das Pfauenauge und die Blindschleiche, den Kieselstein und den Rauchquarz, den Rhein und den Rotten und die Ozonschicht beim Namen genannt und uns mit ihnen verbrüdert und verschwestert hätten: es wäre mit ihnen nicht so weit gekommen; wir hätten es nicht zugelassen, daß sie alle krank werden und sterben; wir wären sorgfältiger, wir wären zärtlicher mit ihnen umgegangen. Die Schöpfung liegt im Sterben, weil unser Lobgesang verstummt ist. Die Schöpfung liegt im Sterben, weil wir dem nicht nachkommen, wofür wir eigentlich geschaffen sind: *Homo creatus est ut laudet.* Und wir sehen jetzt auch, daß Loben viel mehr ist, als oberflächlich ein paar Lieder zu singen und sich auf einem Bergesgipfel an der schönen Aussicht zu berauschen. Wer lobt, verbrüdert und verschwestert sich: mit der Arve und mit dem Buntspecht, mit der Sonne und mit der Sandwüste, mit dem Sirius und mit dem Mistkäfer. Wer lobt, kann nicht anders als eintreten für das Leben des Sempachersees, für das Leben der Laubfrösche, für das Leben der Nerze und Wale, für das Leben... Und wer lobt, wird auch bereit sein, der Bedrohung des Lebens, den unnötigen Toden die Stirn zu bieten. Er wird im entscheidenden Augenblick nein sagen zum gedankenlosen Gebrauch des Autos. Er wird nein sagen zum grenzenlosen Wachstum. Er wird nein sagen zu bestimmten Pelzmänteln. Er wird nein sagen zum weiteren Ausbau der Atomkraftwerke. Er wird nein sagen zur Herstellung gewisser Chemikalien.

Homo creatus est ut laudet. Der Mensch ist geschaffen, damit er lobe. Dieses Loben ist keineswegs der Luxus von ein paar schwärmerischen Grünen. Dieses Loben ist keineswegs ein romantisches Summen im Tiefsten unseres Herzens. Das Loben, zu dem wir bestimmt sind, hat eine zutiefst politische Dimension, weil sich ja Schöpfung und Gesellschaft, Natur und Kultur nicht einfach so auseinanderreißen lassen.

In diesem Sinn stört mich auch der zweite Teil des Spruches nicht mehr: *Homo creatus est ut laudet et serviat.* Der Mensch ist geschaffen, damit er lobe und diene. Dieses

Dienen beinhaltet gerade nicht eine Sklavenexistenz. Im Gegenteil. Das Dienen gehört zum Loben. Wer den Wald lobt, der soll ihn hegen und pflegen; der soll ihm dienen. Genauer: er soll sich für all das einsetzen, was dem Leben des Waldes förderlich ist, und all dem entgegentreten, was die Gesundheit und das Leben des Waldes noch mehr beeinträchtigt. Das Dienen gehört zum Loben, will dieses nicht phrasenhaft bleiben. Das Dienen ist gewissermaßen nur die politische und gesellschaftliche Außenseite des Lobes.

Ein etwas gewagter Vergleich
Darf ich den Faden von früher wieder aufnehmen? Ganz selbstverständlich sprechen wir von der Schöpfung. Schöpfung ist etwas anderes als Natur. Freilich sind die gleichen Dinge damit gemeint. Nur: wenn ich Schöpfung sage, deute ich die Natur als etwas, das Gott gemacht, das Gott geschaffen hat. In der Bibel steht für dieses Schaffen ein einzigartiges Wort, das von niemandem sonst als von Gott ausgesagt wird. Wir übersetzen es meist mit «erschaffen», wobei mitklingt, daß etwas aus dem Nichts erschaffen wird. Das mag im biblischen Wort wohl mitschwingen. Aber es ist nicht das Erste und Wichtigste. Die Bibel will damit – weil sie es nur für Gott gebraucht – etwas Besonderes ausdrücken, etwas Einmaliges, etwas Unerwartetes, etwas Faszinierendes. Und tatsächlich ist es bis heute noch niemandem gelungen, etwas so zu schaffen, wie Gott es schafft, besonders wenn es sich um etwas Lebendiges handelt. Der Mensch kann nichts Lebendes erschaffen; er kann höchstens Leben entgegennehmen und weitergeben.

Aber was bedeutet das für unser Verhältnis zur Natur, wenn wir sie als Geschöpf Gottes ansehen, als etwas, das Gott gemacht hat? Oder sollen wir anders fragen: Was bedeutet es für Gott, wenn er etwas schafft?

Ich bin nicht so sicher, ob mein Vergleich glücklich ist,

doch versuche ich es trotzdem. Eine Frau strickt für ihren Geliebten einen Pullover. Was bedeutet das für die Frau? Warum kauft sie ihrem Geliebten nicht einfach einen Pulli? Oder was noch einfacher wäre: Warum schenkt sie ihm nicht einfach einen Gutschein, damit er sich selber nach seinem Geschmack einen Pullover kaufen kann? Nein, die Frau strickt einen Pullover. Und dieser Pullover ist für sie nicht einfach nur ein Pullover. Stundenlang strickt sie daran; ihre Zeit, ihre Phantasie, ihre Geschicklichkeit gehen in diesen Pullover mit hinein. Ja, der Pullover wird gewissermaßen ein Stück von ihr selbst. Ich brauche nicht zu sagen, was das für den Geliebten bedeutet. Er wird diesen Pulli ganz anders entgegennehmen, als wenn er aus einem Warenhaus käme. Mit seinen Fingern gleitet er über Masche um Masche, fast so, als ob er dabei seine Freundin berühren würde. Und wenn er dann endlich den Pullover überzieht, bekleidet er sich gewissermaßen mit seiner Geliebten selbst.

Muß ich den Vergleich noch zu Ende führen? Die Welt und alles, was in ihr ist, ist Schöpfung Gottes. Ich bin der Meinung, daß Gott in die Berge und Flüsse, in die Schildkröte und in den Hamster, in die Forelle und in die Möwe mindestens ebensoviel Zärtlichkeit investiert wie die Frau in den Pullover für ihren Freund. Und ich meine, wir sollten diese Schöpfung mit ebensoviel Zärtlichkeit und Freude und Ehrfurcht entgegennehmen wie der Mann den Pullover seiner Geliebten. Denn so wie die Frau im Pullover, so ist Gott in der Schöpfung drin: Sie ist Zeichen seiner Phantasie, Zeichen seiner Geschicklichkeit, Zeichen seiner Zeit für uns, Zeichen seiner Zärtlickeit. Es wäre doch einmal den Versuch wert, die Natur mit solchen Augen zu sehen. Nur einen Augenblick lang. Wir werden die interessantesten Entdeckungen machen. So wie der Mann vor Bewunderung leise durch die Zähne pfeift, wenn er sieht, wie gut die einzelnen Teile zusammengenäht sind, so wird es auch uns gehen, wenn wir an einer Ameisenstraße kauern oder saftige Walderdbeeren auf der Zunge zergehen lassen oder die müden Füße in einem Bergbach kühlen oder vor einem Haus stehen, das sich diskret in die Landschaft einschmiegt. Die Schöpfung gewissermaßen als Sakrament, als Offenbarung Gottes, seiner stürmischen Liebe und seiner Zärtlichkeit.

Ein Gebet, das in Pflicht nimmt
Aber eben. Hier muß ich mich wieder unterbrechen. Wir nehmen die Schöpfung nicht als Sakrament aus Gottes Hand. Von stürmischer Liebe und Zärtlichkeit keine Spur. Wir roden die Wälder für Skiabfahrten. Wir verbetonieren unsere besten Wiesen für langweilige Autobahnen. Unsere Rasen vor den Häusern und in Parkanlagen könnten Plastikteppiche sein: kein Käfer hat Lust, darin zu spazieren. Es kommt mir ein bißchen so vor: Der Mann zerschneidet und zerreißt den Pullover, den ihm die Geliebte gestrickt hat; er braucht Putzlumpen für den Parkettboden. Daß dabei nicht nur der Pullover kaputt geht, sondern auch die Frau, ihre Liebe und Zärtlichkeit, das merkt er anscheinend nicht. Dadurch, daß wir die Schöpfung kaputt machen, machen wir auch unsere Beziehung zu Gott kaputt. Auch unsere Beziehungen zueinander. Es ist nicht so, daß wir jetzt halt ein bißchen weniger Romantik hätten als früher. Nein, unser ganzes Menschsein ist bedroht. Mit unserer Umwelt richten wir uns auch gegenseitig zugrunde. Und das ist Sünde. Ich habe das Kind beim Namen zu nennen.

Zu Beginn des Vaterunsers beten wir: «Geheiligt werde dein Name.» Versuchen wir, das recht zu verstehen. Wir können auch so übersetzen: «Du guter Gott, du sollst groß herauskommen. Du sollst gelobt und gepriesen werden. Du sollst bejubelt werden.»

Merkwürdig diese passiven Formen. Wenn man damals, zur Zeit Jesu, von Gott sprach, nahm man den Namen Gottes nicht in den Mund, sondern man gebrauchte oft die passive Form. «Geheiligt werde dein Name» heißt also: «Guter Gott, heilige du deinen Namen. Bring dich groß heraus.» Offensichtlich glaubt der Beter oder die Beterin nicht mehr daran, daß die Menschen Gott richtig loben können, daß die Menschen Gott groß machen können. Gott selber soll es tun. Aber wie soll er das, wenn die Menschen nicht einstimmen in das Lob, das er selber anstimmt?

«Geheiligt werde dein Name.» So beten kann nur jemand, der die Größe und die Leidenschaftlichkeit und die Zärtlichkeit Gottes in allen Dingen sucht, die ihm begegnen: im Marienkäfer, in der Hummel, im Fuchsbau, in der Wasserfluh, in der Milchstraße.

«Geheiligt werde dein Name.» So beten kann nur jemand, dem daran gelegen ist, daß die Schöpfung für die Güte Gottes transparent wird.

«Geheiligt werde dein Name.» So beten kann nur jemand, der sich tatkräftig für das Leben der Schöpfung einsetzt und den vielen Bedrohungen und Toden entschieden den Kampf ansagt.

«Geheiligt werde dein Name.» So beten kann nur jemand, der sich selbst anstecken und betreffen läßt von der Zärtlichkeit Gottes.

Gebet
Guter Gott,
du bist uns Vater und Mutter.
Wir bitten dich: Heilige deinen Namen,
und laß uns einstimmen in das Lob,
das du selber anstimmst.
Laß uns die Schöpfung sehen und entgegennehmen
als Ausdruck deiner Phantasie und Güte.
Laß uns eintreten für das Leben, sorgend und hegend,
und laß uns den Bedrohungen und Toden die Stirn bieten,
damit dein Name heilig sei und leuchte.
Laß uns dich preisen durch unsere Schwester Sonne,

durch unseren Bruder Mond,
durch unsere Schwester, das Wasser,
und durch unseren Bruder, das Feuer,
damit wir eine einzige große Familie werden,
die deinem Auftrag nachkommt: zu loben und zu dienen.

Dein Reich komme

Die Entmachtung der Götzen

Der große Reformator Martin Luther schrieb in seinem Großen Katechismus: Einen Gott haben heißt, etwas haben, worauf das Herz gänzlich traut.

Etwas bösartig möchte ich diesen Satz nach einem altbekannten Sprichwort umkehren: Sage mir, worauf dein Herz gänzlich traut, und ich sage dir, was für Götter du verehrst.

Da ich Ihnen nicht zu nahe treten und es mit Ihnen nicht verderben möchte, will ich jetzt nicht von Ihnen sprechen, sondern von mir, d.h. ich will einmal so vor mich hin phantasieren.

Das Shopping-Center
Etwas, worauf mein Herz gänzlich traut, ist mein monatliches Gehalt. Wenn ich meinen Lohn nicht regelmäßig gegen Ende Monat bekomme, ist es mit mir ganz einfach aus. So zwei, drei Monate werde ich schon noch durchkommen können, aber dann naht die Katastrophe. Ich werde meine Wohnung aufgeben müssen, die ich vor nicht allzu langer Zeit mühsam eingerichtet habe. Ich werde meinen Wagen verkaufen müssen, der für mich nicht so sehr ein Statussymbol ist, aber doch Zeichen meiner Unabhängigkeit und Beweglichkeit. Ich werde mich nach

einem andern Posten umsehen müssen; das ist nicht so leicht, habe ich doch in meinem Leben nichts anderes gelernt als Theologie und Glasschneiden. Und wo braucht man heute schon Glasschneider oder Theologen?

Überhaupt spielt das Geld in meinem Leben eine überragende Rolle. Wenn ich in den Urlaub reise, dann geht mir vieles durch den Kopf, das ich mitnehmen sollte, vom Reisepaß angefangen bis zur Sonnencreme. Und wenn ich mir lange hin und her überlege und mir noch dieses und jenes in den Sinn kommt und dabei eben auch in den Sinn kommt, daß ich manches vergessen könnte, denke ich mir – einem alten Rat folgend: Nimm vor allem genug Geld mit, dann kann dir nichts passieren. Das Geld ist das, worauf mein Herz gänzlich traut, wenn ich in den Urlaub fahre.

Übrigens: gerade zur Urlaubszeit trägt man das Geld gerne in einer kleinen Tasche, die man um den Hals hängt, um sie vor Dieben zu schützen. Früher trug man dort die Wunderbare Medaille.

Freilich, hie und da muß ich mich fragen, ob das Geld nur das ist, worauf mein Herz gänzlich traut, oder ob das Geld nicht auch das ist, das mich ganz in Besitz nimmt. Oder ob das zusammengehört: worauf mein Herz gänzlich traut, das nimmt mich auch gänzlich in Besitz.

Ich habe vorher nur beiläufig erwähnt, daß ich vor einiger Zeit eine Wohnung einzurichten hatte. Bis anhin lebte ich immer in Studentenwohnheimen, hatte dort ein oder zwei möblierte Zimmer und Schwestern, die mich verwöhnten. Aus Gründen, die jetzt nicht hierher gehören, mußte ich umziehen. In meinem nicht unbeträchtlichen Alter mußte ich mir also eine Aussteuer kaufen, vom Bett angefangen bis zum Kaffeelöffel, weil ich wirklich nichts Eigenes besaß. Man kann aber nicht einfach Kaffeelöffel kaufen. Es gibt hundert Arten. Und es gibt hundert Arten von Betten, ganz zu schweigen von den Vorhängen und den Teppichen. Sie kennen all das viel besser als ich. Aber für mich war das ein Neuheitserlebnis. In dieser Zeit habe ich das Shopping-Center entdeckt. Sie wissen: alles, was man sich denken kann und noch viel mehr, unter einem Dach. Dabei habe ich eine interessante Beobachtung gemacht. Einerseits zieht mich so ein Shopping-Center mächtig an. Es fasziniert mich ganz einfach: all die Angebote, die Möglichkeiten, all die Formen und Farben. Andererseits flößt mir so ein Warenhaus auch Angst ein. Es verwirrrt mich. Die Angebote sind einfach zu zahlreich. Das bringt meinen Atem ins Stocken. Und ich sollte mich doch entscheiden. Vielleicht ist es gerade dieses Prickelnde, das mich so anzieht. Es kommt mir vor wie eine Geisterbahn auf dem Jahrmarkt: faszinierend und furchterregend zugleich. Das hat mich auf einen eigentümlichen Gedanken gebracht. In der klassischen Theologie nennt man Gott das *Mysterium tremendum* und *fascinosum*. Gott als Geheimnis, das Angst macht und fasziniert zugleich. Das Shopping-Center nimmt bei mir die Stelle Gottes ein: faszinierend und furchtbar wie ein Gott. Und solange es diese Shopping-Center gibt, kann uns auch gar nichts passieren. Wir werden nie Mangel leiden. Sie sind etwas, worauf mein Herz gänzlich traut. Wir werden alles daran setzen, daß es solche Shopping-Center gibt.

Die Bank

Wer sich eine Aussteuer anschaffen muß, braucht Geld. Und wer kein vernünftiges Budget aufstellt, braucht immer wieder Geld. Und Geld gibt es auf der Bank. Wenn ich an meinem Wohnort das neue Gebäude der Staatsbank betrete – so heißt dort nämlich die Kantonalbank –, habe ich immer den Eindruck, ich betrete eine Kirche. Ganz automatisch beginnen die Menschen beim Eintritt zu flüstern. Die Atmosphäre hat etwas Weihevolles an sich. Es gibt ein großes Schiff und viele kleine Nischen; es fehlt nur noch, daß Altäre drin stehen. Kästen sind aufgestellt, ähnlich wie Kreuzwegstationen, nur mit Münzen und Talern und Geldscheinen und Gold-Vreneli. Die Schalter erinnern an Beichtstühle, wovor man Schlange steht, bis man endlich drankommt, nur daß hier mehr Beichtväter und Beichtmütter zur Verfügung stehen als bei uns in den Kirchen, weil die Kundschaft größer ist und auch schneller zufriedengestellt werden muß.

Auch das Äußere des Gebäudes ist imposant. Überhaupt: waren bis vor fünfzig und hundert Jahren die Kirchen die dominierenden Gebäulichkeiten unserer Siedlungen, sind es jetzt die Banken, die Shopping-Center, die Paläste der Versicherungsgesellschaften. Offensichtlich haben bei uns neue Gottheiten Einzug gehalten.

Diese Gottheiten haben auch ihre Eingeweihten, ihre Priester; Leute, die das Geheimnis der Gottheit hüten. In der Tat: wer von uns Gewöhnlichen kennt sich denn schon in all den Wirtschaftsbelangen aus? Warum ist der Dollar wieder gefallen? Warum ist das Benzin jetzt wieder zwei Rappen teurer? Warum jetzt wieder eine Änderung beim Diskontsatz und beim Lombardsatz? Warum sinken die Preise für Kaffee? Warum ist der Goldpreis so wichtig? Das sind alles Geheimnisse, mit denen wir leben, denen wir auch ausgeliefert sind, und eben nur ein paar Eingeweihte haben Einblick in die Zusammenhänge, und diese Eingeweihten – es sind gewissermaßen die Priester und Priesterinnen der neuen Religion – lösen wiederum eine eigentümliche Scheu aus. Wir müssen ihnen glauben. Eine Art Ehrfurcht, wie man sie vor fünfzig Jahren noch vor Pfarrern hatte und heute noch vor Chefchirurgen hat, die ähnlich geheimnisumwittert sind, weil man ihnen auf ähnliche Art ausgeliefert ist und glauben muß, wie den Bank- und Wirtschaftsfachleuten. Dabei sollten wir nicht sie für die Situation verantwortlich machen; sie werden von uns in ihre Rollen hineingedrängt.

Das Bankgeheimnis ist für uns Schweizerinnen und Schweizer wohl das bestgehütete Geheimnis – aber eben ein Geheimnis. Überhaupt ist es frappierend, wie in den letzten Jahren die religiöse Sprache in unserem Wirtschaftsleben Einzug gehalten hat. Bis in die Reklame hinein macht sich das bemerkbar. Die Waschmaschine ist ein Segen für die Hausfrau. Die Wirtschaft sorgt für unser Glück, für unser Wohlbefinden, für unsere Entfaltung. In die Chemie dürfen wir Vertrauen haben. Sie hat uns schon so oft aus der Patsche geholfen und neue Wege gewiesen; warum soll sie das nicht auch in Zukunft tun? Unser Sozialsystem ist der beste Garant für eine sichere Zukunft und ein erfülltes Leben.

Wenn sich die Sprache verändert, verändert sich auch die Wirklichkeit, auch wenn wir es kaum bemerken. Wirtschaft, Chemie, Sozialsystem usw. haben Gott den Rang abgelaufen. Auf ihn konnte man doch vertrauen. Er war es doch, der sein Volk nicht im Stich ließ. Er war doch der Garant für Glück, für Selbstentfaltung, für Befreiung usw. Oft sagen wir «Gott», aber in Wirklichkeit meinen wir meistens den technischen Fortschritt. Er ist es, worauf unser Herz gänzlich traut.

Die Armee

Die Wirtschaft ist ein zu sensibles Gebilde, als daß sie nicht umgeben sein müßte von einer starken Armee. Je industrialisierter ein Staat, je wirtschaftskräftiger ein Staat, desto größer und stärker ist auch seine Armee. Das ist eine uralte Feststellung, die im privaten wie auch im öffentlichen Bereich gilt: Je größer der Besitz, desto größer das Bedürfnis nach Sicherheit. Der heilige Franz sagte dem Papst, der es nur ungern sah, daß die Jünger des Heiligen ohne Besitz leben wollten: «Wenn wir Besitztümer hätten, müßten wir auch Waffen haben, um sie zu verteidigen.»

Ich brauche hier nicht darauf hinzuweisen, wie stark Wirtschaft und Armee miteinander verflochten sind. Weit mehr als die Hälfte der Gelder für Forschung gehen weltweit primär in die Militärforschung. Viele unserer Konsumgüter, besonders was die elektronischen Geräte anbelangt, waren zuerst Forschungsergebnisse für die Rüstungsindustrie, erst auf diesem Umweg sind sie dann für den täglichen Gebrauch umfunktioniert worden. Wenn es keine Rüstungsindustrie gäbe und die dazugehörige Forschung, hätten wir heute keine elektronischen Apparate für das Radio und das Fernsehen.

Und da denke man wiederum an die religiöse Weihe des Militärs. Ein streng hierarchisches Prinzip wie bei der Wirtschaft. Wie in allen Religionen, werden auch beim Militär Prozessionen durchgeführt. Man nennt sie Defilee. Geheimnisse, die nicht weitergesagt werden dürfen, wie bei der Arkandisziplin der Urkirche, und nur ein paar Eingeweihte, die Priester, sehen irgendwie durch. Täuschen wir uns nicht: Das alles hat die Welt nicht der Kirche nachgemacht. Die Kirche ist aus diesem Kreis nur noch nicht ausgebrochen. Sie hat das Wort «Bei euch soll es nicht so sein!» (Mk 10,42-45) nur noch nicht realisiert. Aber da gibt es keinen Zweifel: Für die Schweizerinnen und für die Schweizer – und nicht nur für sie – ist die Armee etwas, worauf das Herz gänzlich traut.

Man könnte noch lange fortfahren. Und ich weiß, daß ich nichts Neues sage. Aber es ist wichtig, daß wir darauf immer wieder hingewiesen werden. Auch zur Zeit der Propheten war es nicht anders. Sie polemisierten gegen den Götzendienst. Dabei waren es nicht einfach ein paar Bilder oder Skulpturen, die das Volk verführten. Es waren die gleichen oder doch ähnliche Mechanismen wie heute. Diese waren für die Propheten die Götzen. Auch der Sünde-Begriff sollte von hierher neu überdacht werden. Bei Johannes könnte man Sünde definieren als «von der Welt sein», d.h. die Denk- und Verhaltensmuster dieser Welt übernehmen oder in ihnen verharren: Der Stärkere befiehlt; hilf dir selbst, dann hilft dir Gott; jeder für sich und Gott für alle – und was für «weisheitliche» Sprüche es noch mehr gibt. Beachten Sie auch hier die ausgesprochen religiöse Note dieser Sprüche.

Da kann man eben nichts machen
Und wir sind da hineinverwoben in dieses Denken, in dieses Planen, in diese Mechanismen, in diese Sachzwänge, wie man sagt. Die Folge davon ist leicht zu erraten: Menschen, die es sich leisten können, können in einem solchen System gut überleben. Und sie können sich leicht dadurch entschuldigen, daß man gar nicht anders könne, daß die Sachzwänge einen entsprechenden Lebensstil geradezu diktierten. Und es gibt viele Menschen, die auch heute noch unter die Räder dieses Systems geraten. Ich will jetzt nicht aufzählen und jammern. Sie selbst konnten es aus glaubhafter Quelle lesen und hören: Eine Milliarde Menschen sind obdachlos oder haben kein geregeltes Zuhause. Eine Milliarde Menschen! Das ist ein Fünftel der Menschheit! Und dann immer wieder der alte Refrain, den man auch bei Leuten mit bestem Willen hören kann: «Da kann man eben nichts machen.» (Die Götzen sind stärker als unser guter Wille.)

Und die Welt nimmt ihren Lauf: Das Nord-Süd-Gefälle wird immer größer, für die Rüstung werden immer mehr Gelder ausgegeben, die Fluchtgelder häufen sich, die Wälder sterben, die Wasser sind vergiftet, die Luft ist verpestet... Und man könnte weiterfahren: Die Asylanten werden zurückgeschickt, die Militärdienstverweigerer ins Gefängnis gesteckt... und für all das gibt es gute Gründe: So ist es nun einmal; wir müssen doch Ordnung haben; wir müssen zu unseren Arbeitsplätzen Sorge tragen; wir haben eine Verfassung, die von der Mehrheit des Schweizervolkes angenommen wurde; das sind Sachzwänge; man muß eben Geduld haben... da kann man nichts machen.

Ist es wirklich so, daß man nichts machen kann?

Sicher ist, daß das alles viel stärker zusammenhängt, als wir meinen oder zugeben wollen. Sicher ist auch, daß alles sehr schwierig ist. Mit ein paar Umweltschutz-Gesetzen wird es nicht getan sein. Der Katalysator ist schon recht. Abgaskontrollen sind schon recht. Härtere Vorschriften für die Chemie sind schon recht. Aber es geht um mehr. Es geht um die Schöpfung. Es geht um die Menschheit. Es geht um uns selbst. Um unsere Umkehr. Und es nimmt mich doch wunder, ob wir uns dazu nicht verführen lassen können, oder ob wir unser ganzes Leben lang vor uns hersagen müssen: «Da kann man eben nichts machen.»

Es verträgt sich diese Einstellung auch nur schlecht mit der zentralen Bitte des Vaterunsers, die da heißt: «Dein Reich komme. Deine Herrschaft komme.» Man könnte auch sagen: «Nimm endlich Du das Ruder in die Hand.» Wir können das doch nur beten, wenn wir Gott zutrauen, daß er das kann. Und wir können das doch nur beten, wenn wir keine Angst haben vor dieser Herrschaft Gottes. Und wir können um diese Herrschaft Gottes nur beten, wenn wir uns selber in diese Herrschaft hineinnehmen, hineinschwingen lassen. Und wir können dieses Gebet nur sprechen, wir können diesen Wunsch nur äußern, wenn wir auch Hoffnung haben, daß er sich erfüllt.

So oft beten wir das Vaterunser. Sind wir uns auch wirklich bewußt, was wir da beten? Ich bin der Meinung, das Vaterunser sei ein sehr gefährliches Gebet und das Vaterunser sei ein sehr politisches Gebet.

Ein riskantes Gebet
Ich möchte Ihnen ein kleine Geschichte erzählen. Es ist schon einige Jahre her. Ich war mit Seelsorgern zusammen an einem Fortbildungskurs, der eine Woche lang dauerte. Abwechslungsweise bereiteten die Seelsorger die täglichen Liturgien und Andachten vor. In die Woche fiel das Fest des heiligen Bruder Klaus. Der Pfarrer, der an diesem Tag für die Liturgie verantwortlich war, betete als Tischgebet das bekannte Gebet des Heiligen:

> Mein Herr und mein Gott, nimm alles von mir,
> was mich hindert zu dir.
> Mein Herr und mein Gott, gib alles mir,
> was mich fördert zu dir.
> Mein Herr und mein Gott, nimm mich mir
> und gib mich ganz zu eigen dir.

Kaum war das Gebet gesprochen und hatten sich alle wieder hingesetzt, meldete sich ein anderer Pfarrer zu Wort. Es sei ihm etwas unheimlich bei diesem Gebet, weil man ja Gott so etwas wie eine Blankovollmacht gebe: Nimm alles von mir, gib alles mir. Das könnte doch einmal ins Auge gehen, wenn Gott dieses Gebet ernst nähme. Man wisse ja zum vornherein nicht, was da alles mitenthalten sei, wenn man bete: Gib alles mir, was mich führt zu dir, oder: Nimm alles von mir, was mich hindert zu dir.

Nun, ich würde meinen, daß das zum Risiko des Glaubens und des Betens gehört. Die Frage ist doch die, was wir Gott zutrauen. Die Frage ist doch die, ob wir Gott zutrauen, daß er wirklich nur das Beste von uns und für uns will. In dem Gebet des Bruder Klaus lasse ich Gott völlige Freiheit, wie er mit mir umgehen will. Natürlich ist das sehr viel, aber unter diesem Preis gibt es keinen Glauben.

Und dann meine ich – und ich habe das meinen Kollegen auch gesagt – ist das, was Bruder Klaus betet, im Grunde genommen nichts anderes als das, was wir im Vaterunser beten: Dein Reich komme. Was würde geschehen, wenn Gott unsere Bitte ernst nähme? Auch hier: es kommt darauf an, was wir ihm zutrauen. Trauen wir ihm wirklich zu, daß er nur unser Bestes will, wenn er das Ruder selbst in die Hand nimmt?

Ein subversives Gebet
Das Vaterunser ist ein gefährliches Gebet; das Vaterunser ist im tiefsten auch ein politisches Gebet. Ja, ich würde sogar noch weitergehen und sagen: Das Vaterunser ist

zutiefst ein subversives Gebet. Denn wenn wir beten, die Herrschaft Gottes möge kommen, ist damit doch auch der Wunsch verbunden, daß alle andern Herrschaften entmachtet werden. Wenn wir beten, das Reich Gottes möge kommen, dann ist damit doch auch der Wunsch verbunden, daß alle andern Reiche ausgespielt haben. Das Kommen der Herrschaft Gottes bedeutet tatsächlich die Entmachtung aller Herren, die meinen, das Sagen zu haben, die Entmachtung der Götzen, mögen diese Götzen nun das Gesicht eines Hitlers oder eines Computers haben, das Gesicht des unbegrenzten Wirtschaftswachstums um jeden Preis oder das Gesicht der Apartheid oder das Gesicht des nationalen Egoismus. Wer betet: dein Reich komme, wird auch Hand bieten (müssen) zur Veränderung ungerechter wirtschaftlicher und politischer Verhältnisse in Chile und in Afghanistan und in Südafrika – und auch bei uns. Nicht nur, weil auch bei uns viele Menschen unter Ungerechtigkeit leiden müssen, sondern weil wir durch unseren Lebensstil ganze Völker in der Dritten Welt an den Rand des Ruins bringen.

Das Vaterunser ist ein politisches Gebet, weil es den sehnlichsten Wunsch äußert, daß Gott das Regiment übernehme. Nicht nur in unseren Herzen, sondern auch in unserer Gesellschaft – es sei denn, wir wollen dem Reiche Gottes klare Grenzen ziehen: «Lieber Gott, bis hierher und nicht weiter. Lieber Gott, übernimm du den Sonntag, die Feste, die Liturgien und das Gebet; für das andere sorgen wir dann schon.» Das wäre Götzendienst.

Ich muß nun freilich zugeben, daß unsere Sprache in diesen Belangen nicht sehr glücklich ist. Wir sprechen von Reich Gottes. Der Ausdruck «Reich» sollte in diesem Jahrhundert nicht mehr gebraucht werden. Die Erfahrungen, die wir mit dem Reich gemacht haben, sind zu scheußlich, als daß wir diesen Ausdruck unbekümmert verwenden könnten. Auch der Ausdruck «Herrschaft» hat seine Tücken. Zuerst erinnert dieses Wort an «Herr», und schon wird Gott mit einem Herrn, mit einem Mann identifiziert, und seine Herrschaft wäre dann eben auch eine Herrschaft, wie sie aus unserem patriarchalen und androzentrischen Zeitalter zur Genüge bekannt ist, eben eine Männerherrschaft. Dazu kommt noch etwas anderes. Wenn wir Herrschaft sagen, denken wir an Macht und Gewalt. Wer Herrschaft ausübt, zeigt sich als der Überlegene, als der Stärkere. Er hat die Macht, andere an die Wand zu drängen. Die Ausdrücke «Reich» und «Herrschaft» eignen sich in der Tat nur sehr schlecht, um das zu bezeichnen, was wir eigentlich möchten. Andererseits müssen wir eingestehen: Diese Ausdrücke haben sich doch schon so sehr in unsere religiöse Sprache eingebürgert, daß wir sie so einfach nicht ersetzen können – ganz abgesehen davon, daß wir uns fragen müssen: Ersetzen durch was? Wir müssen anders an die Sache herangehen.

Wie Jesus Reich Gottes lebte
Es besteht kein Zweifel: Im Zentrum der Botschaft Jesu stand die Herrschaft Gottes oder das Reich Gottes. Wir verwenden jetzt die Ausdrücke so, wie wir es gewohnt sind. Es ist bedenkenswert, daß weder Jesus noch die neutestamentlichen Schriftsteller eine Definition dessen geben, was Reich Gottes oder Herrschaft Gottes ist. Es bleibt uns also nichts anderes übrig, als hinzusehen, wie Jesus gelebt und gesprochen hat; denn wie er gelebt hat, wie er aufgetreten ist, wie er gesprochen hat, all das gibt im Grunde genommen Kunde von Gott, Kunde von Gottes Herrschaft. Erlauben Sie mir nur ein paar Hinweise auf die Evangelien.

Es war in Kafarnaum. Jesus ging am Sabbat in die Synagoge. Da war ein Mann, dessen Hand gelähmt war. Für diesen Mann bedeutete das Arbeitslosigkeit, Hunger und Bettelei. Die Lage in der Synagoge war sehr gespannt. Wird Jesus die Stirn haben, diesen Mann am Sabbat zu heilen? Und alle schauten auf Jesus. Und Jesus sagte zu dem Mann: «Steh auf und komm in die Mitte.» In der Mitte des Gottesdienstes, in der Mitte des Auftrags Jesu steht der Mann mit der gelähmten Hand (Mk 3,1-6). Das ist Anbruch der Herrschaft Gottes.

Am gleichen Tag noch – so berichtet uns der Evangelist Markus – hat Jesus ein Wort gesagt, das gewissermaßen die Begründung liefert für das Verhalten Jesu, ein Wort auch, das unsere ganze Religiosität und Frömmigkeit auf den Kopf stellt: «Der Mensch ist nicht für den Sabbat da, sondern der Sabbat ist für den Menschen da» (Mk 2,27). Überspitzt könnte man sagen: «Der Mensch ist nicht für Gott da, sondern Gott ist für den Menschen da.» Was das bedeutet, hat Jesus auf Schritt und Tritt gezeigt. Durch ihn ist Gott selber angekommen, jener Gott, der selber nicht der Mächtige, der Allmächtige, sondern der Diener aller sein will.

Da kam eine Frau, die schon während zwölf Jahren an Blutungen litt und so aus der Gemeinschaft ausgeschlossen war; niemand konnte ihr helfen. In der Volksmenge schlich sie sich von hinten an Jesus heran und wollte den Saum seines Gewandes berühren in der Meinung, daß sie durch diese Berührung geheilt würde. Und tatsächlich wurde sie geheilt. Jesus hat es gemerkt. Er hat sie nicht ausgelacht. Er hat sie auch nicht als naiv hingestellt. Er hat ihr seltsames Verhalten, ihren Tabu-Bruch, als Glauben gedeutet und ihr wieder einen Platz unter den Menschen gegeben (Mk 5,25-34). Das bedeutet Anbruch des Reiches Gottes.

Und da war dieser Aussätzige, der von allen Menschen gemieden war. Ein Aidskranker der damaligen Zeit. Und Jesus nahm ihn in seine Arme, weil solche Menschen nicht abseits stehen dürfen (Mk 1,40-45). So lebt Jesus Herrschaft Gottes.

Und dann war da noch die stadtbekannte Sünderin, die unvermittelt in die Herrengesellschaft trat und Jesus die Füße salbte. Und Jesus ließ das an sich geschehen, auch wenn alle anwesenden frommen Männer sich darüber empörten (Lk 7,36-50). Das ist Anbruch des Reiches Gottes, wie Jesus es versteht: zu einem armen Teufel zu stehen, auch wenn sich alle Menschen darüber ärgern.

Und so könnten wir noch lange fortfahren. Mit der Herrschaft Gottes ist es eben ganz anders als wir meinen oder erwarten. Hier wird nicht in Überlegenheit gemacht, hier wird nicht an die Wand gespielt. Wo Jesus auftritt, da können Menschen wieder atmen, da können Verdächtige wieder sich selber sein, da können die Zusammengestauchten wieder aufrecht gehen, da geschieht Befreiung und Gemeinschaft.

Und jetzt wäre auch noch auf die Gleichnisse hinzuweisen, die ganz eigene Art und Weise, wie Jesus zu den Menschen gesprochen hat. Keine hochgeschraubte Schriftgelehrsamkeit, keine komplizierten theologischen Fachausdrücke. Er spricht von einem Tagelöhner, der beim Pflügen auf einen Schatz stößt (Mt 13,44). Er spricht von einer Hausfrau, die Sauerteig unter das Mehl mischt (Mt 13,33). Er spricht von einem Sämann, der sich um die Saat nicht zu kümmern scheint (Mk 4,26-29). Er spricht von einer Frau, die ihr Haus durchstöbert, bis sie den Fünfliber gefunden hat und dann ihre Freundinnen zu einer Party einlädt (Lk 15,8-10). Und er spricht von einem Vater, der zwei Söhne hatte, und die beide so völlig falsche Vorstellungen von ihm hatten. Krämerseelen. Und keinem von beiden macht er den geringsten Vorwurf. Den Verlausten und Schuldiggewordenen nimmt er in die Arme und organisiert für ihn ein Fest. Und den braven Zuhausegebliebenen bittet er, am Fest teilzunehmen. Ist dieser Vater mit den beiden verlorenen Söhnen nicht selber auch arm dran? Er hat ja nichts als sein Verzeihen und sein Bitten und sehnt sich nach nichts so sehr, als am Fest der Verlorenen teilzunehmen (Lk 15,11-32). So ist es mit der Herrschaft Gottes. Nicht mächtiges Auftrumpfen, sondern Verzeihen und Bitten, ohnmächtig in der Liebe – und Sehnsucht.

Und weiter könnten wir hinweisen auf Aussprüche und Belehrungen, die Einblick geben in das Reich Gottes und in die neue Gesellschaft, die sich auf den Weg zu diesem Reich macht. «In der Welt gibt es Leute, die sind am Drücker und andere müssen unten durch; es gibt Könige und Untertanen. Bei euch aber darf es nicht so sein. Wer Erster sein will, soll Letzter und Diener aller werden» (Mk 10,42-44). So könnte der Anfang der Herrschaft Gottes aussehen.

Skepsis
Kehren wir zurück zu den Problemen, von denen wir gesprochen haben, von den Götzen, die uns von allen Seiten her zusetzen, so daß wir weder aus noch ein wissen. Vermag Herrschaft Gottes gegenüber all dem aufzukommen? Ist Herrschaft Gottes, wie Jesus sie verkündet und lebt, stärker als die Götzen, die unsere Wirtschaft, unsere Politik, unser persönliches Leben beherrschen? Eine gewisse Skepsis ist nur schwer zu überwinden.

Diese Skepsis gab es übrigens schon damals, wie denn überhaupt die Situation der damaligen Zeit von der unsrigen gar nicht so sehr verschieden war. Die Römer besetzten das Land. Die religiöse Vorherrschaft lag in den Händen der Sadduzäer, der priesterlichen Aristokratie. Sie waren die Schirmherren der riesigen Opferliturgien in Jerusalem und kontrollierten den Tempel, die damalige Nationalbank Palästinas. Es entstanden Widerstandsnester, die mit Waffengewalt die bestehenden Verhältnisse verändern wollten. Über dem ganzen Land lag eine gespannte Atmosphäre. Haß und Gewalt überall. Die Lebensmittelversorgung war prekär. Krankheiten und Seuchen, Aussatz und Armut waren keine Seltenheit. Es gab Leute, die ausstiegen oder überhaupt auswanderten, es gab Bettler, Räuber, Fanatiker.

In diese fast ausweglose Situation hinein rief Jesus das Wort von der Gottesherrschaft, und überall, wo er auftrat, ereignete sich ein Stück Befreiung. Ein Stück Geschwisterlichkeit.

Aber die Widerstände waren groß. Pharisäer und Sadduzäer sahen sich von Jesus provoziert; viele einfache Leute fühlten sich durch ihn verunsichert; die Römer betrachteten ihn und seine Bewegung als Unruheherd. Aber auch die Bewegung selber, die Jesus in Gang setzte, war nicht so, daß sie sehr erfolgversprechend gewesen wäre. Dieser Jesus verkündete die Herrschaft Gottes – aber was tat er? Er umgab sich mit Gesindel. Arme Leute. Deklassierte. Unreine. Fischer und Dirnen und Zöllner waren in seiner Gesellschaft. Und die meisten davon Galiläer, Leute aus einem Bezirk, von dem sowieso nichts Gescheites zu erwarten war. Und die Mächtigen waren einfach zu mächtig und zu sehr auf Ruhe und Ordnung bedacht, als daß sie diese Bewegung hätten hochkommen lassen. Sie machten sich eher lustig über Jesus und seine Anhängerinnen und Anhänger. Was will der? Der redet von Herrschaft Gottes – und was geschieht? Nichts, das der Rede wert wäre. Eine fiebrige Schwiegermutter, die vom Bett aufsteht. Ein Blinder, der wieder sieht. Ein Zöllner, der aussteigt und Jesus nachfolgt. Gesindel, das zusammen mit Jesus ißt und trinkt. Was soll das mit Herrschaft Gottes zu tun haben? Wohl mag mal eine kleine Pflanze den Beton durchbrechen; aber der Beton bleibt. Gegen die Römer und Großgrundbesitzer, gegen die Sadduzäer und den Tempel, gegen die wirtschaftlichen und politischen Machtmechanismen, gegen all die Götzen ist kein Kraut gewachsen.

Jesus hat die Skepsis, die man ihm und seiner Predigt entgegenbrachte, wohl durchschaut. Die Einwände gegen sein Tun und Reden kamen nicht nur von Seiten der Gegner, von den Sadduzäern und Pharisäern. Selbst unter den Wohlgesinnten, ja selbst unter den nächsten Gefolgsleuten war man zurückhaltend. Sie hätten lieber gehabt, wenn das ganze Unternehmen sichtbarer und deutlicher Fuß gefaßt und sich schneller ausgebreitet hätte. Und oft waren sie versucht, mit Mitteln der Gewalt dem Unternehmen nachzuhelfen.

Ein Gleichnis

Da hat ihnen Jesus ein Gleichnis erzählt: «Ihr denkt recht komisch vom Reich Gottes. Wißt ihr, wie das Reich Gottes ist? Wißt ihr, womit man es vergleichen könnte? Schaut einmal dieses kleine Senfkorn. Winziger geht's nicht mehr. Wenn man die Augen schließt, spürt man es kaum auf der Hand, so klein und unscheinbar ist es. Wenn es aber in die Erde gesät ist, geht es auf und treibt große Zweige und wird groß und stark, ein großer Baum, in dem die Vögel nisten können.»

Vielleicht haben Sie schon mal Senfkörner in der Hand gehabt. Vielleicht während einer Reise ins Heilige Land. Sie sind wirklich winzig und unscheinbar. Wenn sie aber in die Erde gesät werden und aufgehen, werden sie zu einer großen Staude, die bis drei Meter hoch werden kann. In ihrem Schatten können die Vögel Wohnung finden.

Einerseits ist das etwas ganz Natürliches und Selbstverständliches. Aus einem Senfkorn, wenn es auf guten Boden gesät ist, wird eine Senfstaude. Und nicht eine Rose. Und nicht ein Veilchen. Auch nicht eine Pappel. Ganz selbstverständlich wird aus diesem kleinen Senfkorn eine große Senfstaude.

Andererseits ist das aber doch wieder etwas sehr Geheimnisvolles: wie aus diesem kleinen Samenkorn eine so große Staude werden kann. Es ist Leben darin.

Der Vergleich ist gut und gibt Zuversicht. Jesus sagt: Mit derselben geradezu zwangsläufigen Sicherheit, mit welcher aus dem kleinen Senfkorn eine große Staude wird, wird aus diesen kleinen Anfängen, die ihr so verachtet und die ihr kaum wahrnehmt, letzten Endes das Reich Gottes, die Herrschaft Gottes dastehen. Verlaßt euch darauf. Ihr wißt nicht, was Gott vermag.

Ein wunderbares Gleichnis. Es erlaubt uns einzuschwingen in die große Zuversicht Jesu, die fast etwas mit Trotz zu tun hat. Auch wenn diese Anfänge noch so klein und unscheinbar sind, auch wenn man den Eindruck haben muß, es lohne sich nicht, auch wenn das spöttische Gelächter der Besserwisser alles in Frage stellt: hier und jetzt ist der Ort und die Zeit, in welcher Gott am Werk ist; hier und jetzt ist die Zeit des Vertrauens, daß Gott das, was er begonnen hat, auch zu einem glücklichen Ende führen wird. Soviel dürfen wir Gott zutrauen.

Freilich, dieses Zutrauen kann und darf sich nicht nur in unserem Kopf ereignen. Unsere Augen und unsere Hände, unsere Politik und unsere Arbeit und unser Wirtschaften müssen einstimmen in diese Zuversicht. Hundert Möglichkeiten tun sich uns täglich auf, mitzuspielen mit diesem Gleichnis, selbst hineinzugehen in dieses Gleichnis, dem Vertrauen und der Zuversicht konkrete Gestalt zu geben. Und dann, hier und jetzt, wird unsere Bitte ernst und echt: Dein Reich komme.

Und wenn uns diese Bitte zu pathetisch und zu schwierig vorkommt und wenn wir wieder einmal zu sagen versucht sind: «Da kann man nichts machen; die Götzen sind zu stark, und wir haben uns zu sehr an sie gewöhnt» – dann denken wir an das winzige Senfkorn. Es ist sehr klein. Fast unscheinbar. Aber wenn es einmal gesät ist, dann geht es auf und wird groß und stark, treibt große Zweige und Äste und wird zu einem richtigen Baum, so daß die Vögel des Himmels darin nisten können.

Wartet's nur ab! Ihr wißt nicht, was Gott vermag!

Dein Wille geschehe wie im Himmel so auf Erden

Die schöpferische Freiheit der Kinder Gottes

Gottes schlechter Ruf
Wenn wir vom «Willen Gottes» hören, oder wenn wir in bestimmten Situationen darauf aufmerksam gemacht werden: «Das ist der Wille Gottes» – dann verbinden wir damit in den seltensten Fällen etwas Erfreuliches. Der Wille Gottes muß normalerweise dann herhalten, wenn es uns dreckig geht.
- Wenn ein lieber Mensch gestorben ist, dann spricht man vom Willen Gottes, den man annehmen soll.
- Wenn ein Erdbeben ganze Dörfer verschüttet und die Trümmer Hunderte von Menschen unter sich begraben, dann ist das der Wille Gottes.
- Wenn mein Bruder an Krebs erkrankt, hat er und habe ich das als Willen Gottes anzunehmen.
- Wenn bei einem Schiffsunglück zweihundert Menschen ihr Leben verlieren, ist das der Wille Gottes.
- Selbst für Aids muß Gott die Verantwortung übernehmen; er will damit die Menschen bestrafen. Es fehlt nur noch, daß wir es dem Willen Gottes zuschreiben, daß die Großmächte einander mit Atomwaffen in Schach halten und daß jährlich Tausende von Menschen Hungers sterben.

«Es hat Gott dem Allmächtigen gefallen», so heißt es ab und zu in Todesanzeigen. Dabei kann ich mir vorstellen, daß es Todesfälle gibt, die Gott, dem Allmächtigen, ganz und gar nicht gefallen.

Warum machen wir immer gerade für die schlimmsten Dinge, die uns zustoßen, Gott verantwortlich? Für alles und jedes muß er als Sündenbock herhalten. Wenn wir mit unserem Latein am Ende sind, schieben wir ihm den Schwarzen Peter zu. Er ist an allem schuld. Der Wille Gottes ist es, der unser Leben so unerträglich macht. Der Wille Gottes ist es, der uns die Freude am Leben nimmt. Äußerst selten bringen wir mit dem Willen Gottes etwas Erfreuliches, etwas Lustiges, etwas Tolles in Zusammenhang.

Was dahinter steht? Warum das so ist? Darüber gäbe es vieles zu sagen. Für diesmal möchte ich zwei Gründe besonders hervorheben.

Erstens: wir trauen Gott nicht über den Weg; und das, obwohl wir uns für furchtbar gläubig halten.

Und zweitens: wir sind nicht bereit, als erwachsene Menschen Verantwortung zu übernehmen; und das, obwohl wir uns ungeheuer emanzipiert vorkommen.

Wenn Sie von all dem, was ich rede und schreibe nur dies eine behalten, genügt mir das: Gott ist besser als sein Ruf. Und wenn sich daraus die Konsequenz ergibt, daß wir für all das Schlimme, das wir tun, nicht einfach Gott, sondern uns selbst verantwortlich machen, dann ist das schon sehr viel.

Keine Naturwissenschaft...
Ich möchte von zwei ganz verschiedenen Erzählungen berichten, die wir schon lange kennen. Aber vielleicht nicht so kennen, wie es für erwachsene Menschen sein sollte. Es sind die beiden Erzählungen von der Erschaffung der Welt.

Die erste (sie ist eigentlich viel später geschrieben worden, aber in der Bibel ist sie dann an die erste Stelle gerückt) liegt uns gut im Ohr. Trotzdem ist es sinnvoll, wenn wir uns an sie erinnern.

> Am Anfang schuf Gott Himmel und Erde; die Erde aber war wüst und wirr, Finsternis lag über der Urflut, und Gottes Geist schwebte über dem Wasser.
> Gott sprach: Es werde Licht. Und es wurde Licht. Gott sah, daß das Licht gut war. Gott schied das Licht von der Finsternis, und Gott nannte das Licht Tag, und die Finsternis nannte er Nacht. Es wurde Abend, und es wurde Morgen: erster Tag.
> Dann sprach Gott: Ein Gewölbe entstehe mitten im Wasser und scheide Wasser von Wasser. Gott machte also das Gewölbe und schied das Wasser unterhalb des Gewölbes vom Wasser oberhalb des Gewölbes. So geschah es, und Gott nannte das Gewölbe Himmel. Es wurde Abend, und es wurde Morgen: zweiter Tag.
> Dann sprach Gott: Das Wasser unterhalb des Himmels sammle sich an einem Ort, damit das Trockene sichtbar werde. So geschah es. Das Trockene nannte Gott Land und das angesammelte Wasser nannte er Meer. Gott sah, daß es gut war. Dann sprach Gott: Das Land lasse junges Grün wachsen, alle Arten von Pflanzen, die Samen tragen, und von Bäumen, die auf der Erde Früchte bringen mit ihrem Samen darin. So geschah es. Das Land brachte junges Grün hervor, alle Arten von Pflanzen, die Samen tragen, alle Arten von Bäumen, die Früchte bringen mit ihrem Samen darin. Gott sah, daß es gut war. Es wurde Abend, und es wurde Morgen: dritter Tag.
> Dann sprach Gott: Lichter sollen am Himmelsgewölbe sein, um Tag und Nacht zu scheiden. Sie sollen Zeichen sein und zur Bestimmung von Festzeiten, von Tagen und Jahren dienen; sie sollen Lichter am Himmelsgewölbe sein, die über die Erde hinleuchten. So geschah es. Gott machte die beiden großen Lichter, das größere, das über den Tag herrscht, das kleinere, das über die Nacht herrscht, auch die Sterne. Gott setzte die Lichter an das Himmelsgewölbe, damit sie über die Erde hinleuchten, über Tag und Nacht herrschen und das Licht von der Finsternis scheiden. Gott sah, daß es gut war. Es wurde Abend, und es wurde Morgen: vierter Tag.
> Dann sprach Gott: Das Wasser wimmle von lebendigen

Wesen, und Vögel sollen über dem Land am Himmelsgewölbe dahinfliegen. Gott schuf alle Arten von großen Seetieren und anderen Lebewesen, von denen das Wasser wimmelt, und alle Arten von gefiederten Vögeln. Gott sah, daß es gut war. Gott segnete sie und sprach: Seid fruchtbar, und vermehrt euch, und bevölkert das Wasser im Meer, und die Vögel sollen sich auf dem Land vermehren. Es wurde Abend, und es wurde Morgen: fünfter Tag.
(Gen 1,1-23)

Bis hierher soll es uns vorläufig genügen. Schade, daß wir die Bibel lesen wie ein naturwissenschaftliches Buch. Offensichtlich können wir gar nicht anders. Aber vielleicht brauchen wir das, um uns über die Menschen damals – und auch über den lieben Gott – lustig zu machen. «Es ist doch wissenschaftlich erwiesen, daß die Welt nicht in sechs Tagen entstanden ist, sondern daß es Jahrtausende und Jahrmillionen brauchte, bis der Mensch aufgetreten ist», so meinen wir argumentieren zu müssen. Als ob es nur unsere naturwissenschaftliche Sprache und nur unsere naturwissenschaftlichen Vorstellungen gäbe.

Wenn ein Verliebter seiner Freundin schreibt: «Du bist mein Sonnenschein», dann will er damit doch auch nicht eine naturwissenschaftliche Aussage machen, sonst würde sie ihn gehörig auslachen. Jeder kann die Erfahrung machen, daß in der Nähe dieser Frau der Schnee nicht schmilzt und daß man keine Sonnenbrille braucht, wenn man ihr begegnet. Was soll's! Der Verliebte will eine viel wichtigere Aussage machen als eine naturwissenschaftliche. Er will in einer bildhaften Sprache von seiner ureigenen Erfahrung sprechen, die ihm niemand auf der Welt streitig machen kann. Er will sagen, daß seine Geliebte ihm Wärme und Licht gibt in dieser kalten und finsteren Welt. Das sagt er eben so: «Du bist mein Sonnenschein.» Was kann er Schöneres sagen?

Die Texte, die wir in der Bibel finden, sind nicht in naturwissenschaftichem Geist, sondern schon eher im

Geist eines Verliebten geschrieben worden. Auf alle Fälle ist es wichtig, nach den Erfahrungen zu fragen, die dahinter stehen. Bei unserem Schöpfungsbericht weiß man dazu einiges.

... sondern konkrete Erfahrungen
Das Volk Israel befand sich im Exil, in der Babylonischen Gefangenschaft. Wir können uns das Tragische dieser Erfahrung nicht deutlich genug vor Augen halten. Das Großreich Babylonien ist über Juda hergefallen. Städte und Dörfer sind erobert und verwüstet worden. Nach langem Widerstand ist auch die Heilige Stadt den Angreifern zum Opfer gefallen. Der Tempel wurde zerstört. Die besten Leute wurden deportiert: das Königshaus, die Lehrer und Handwerker, die Priester und Dichterinnen und Sänger. Für die Israeliten war das nicht nur eine politische, sondern mehr noch eine religiöse Katastrophe. Das Land, das Gott den Israeliten versprochen hatte, ist besetzt; der Tempel, der Ort, an dem Gott selbst wohnen wollte, ist zerstört; das Volk, Gottes kostbarer Schatz, hat zu existieren aufgehört. Die Israeliten, ob im Exil oder in der zerstörten Stadt zurückgeblieben, verstanden die Welt und Gott nicht mehr. Ist ihr Gott doch nicht stark genug? Ist ihm die Welt aus der Hand entglitten? Kann er seine Versprechen doch nicht wahr machen? Haben die andern Völker die besseren Götter? Fällt die Welt wieder ins Chaos zurück? Und viele waren im Grunde genommen dann doch fasziniert von der babylonischen Großmacht. Ist nicht derjenige Staat besser dran, der die besseren Waffen hat? Ist nicht von einziger Wichtigkeit, über andere herrschen zu können?

Betrachten wir unseren Schöpfungsbericht aus dieser Perspektive der Versuchung und Verzweiflung heraus, dürfte uns manches verständlicher werden. Nicht das Chaos und nicht die Unterdrückung ist der Wille Gottes, sondern die Ordnung. In unserem Schöpfungsbericht ist

Gott ordnend am Werk. Er scheidet das Licht von der Finsternis, den Himmel von der Erde. Er scheidet die Erde vom Wasser und die Nacht vom Tag. Der Gott Israels ist nicht nur ein kleiner Lokalgott, wie andere Völker ihn haben; der Gott Israels ist ein Gott, der über allem andern steht. Wenn andere Völker die Gestirne verehren und Sonne und Mond göttliche Kräfte zuschreiben, so sagt unser Dichter, die beiden großen Lichter hätte Gott gemacht, und er hätte sie wie Lampen am Himmel festgemacht.

Und nach jedem Schöpfungstag heißt es: «Und Gott sah, daß es gut war.» Wenn heute etwas nicht gut ist, sollen wir nicht Gott dafür verantwortlich machen.

Und dann kam der sechste Tag.

Dann sprach Gott: Das Land bringe alle Arten von lebendigen Wesen hervor, von Vieh, von Kriechtieren und von Tieren des Feldes. So geschah es. Gott machte alle Arten von Tieren des Feldes, alle Arten von Vieh und alle Arten von Kriechtieren auf dem Erdboden. Gott sah, daß es gut war.

Dann sprach Gott: Laßt uns den Menschen machen als unser Abbild, uns ähnlich. Sie sollen herrschen über die Fische des Meeres, über die Vögel des Himmels, über das Vieh, über die ganze Erde und über alle Kriechtiere auf dem Land. Gott schuf also den Menschen als sein Abbild; als Abbild Gottes schuf er ihn. Als Mann und Frau schuf er sie. Gott segnete sie, und Gott sprach zu ihnen: Seid fruchtbar und vermehrt euch, bevölkert die Erde, unterwerft sie euch, und herrscht über die Fische des Meeres, über die Vögel des Himmels und über alle Tiere, die sich auf dem Land regen. Dann sprach Gott: Hiermit übergebe ich euch alle Pflanzen auf der ganzen Erde, die Samen tragen, und alle Bäume mit samenhaltigen Früchten. Euch sollen sie zur Nahrung dienen. Allen Tieren des Feldes, allen Vögeln des Himmels und allem, was sich auf der Erde regt, was Lebensatem in sich hat, gebe ich alle grünen Pflanzen zur Nahrung. So geschah es. Gott sah alles an, was er gemacht hatte: Es war sehr gut. Es wurde Abend, und es wurde Morgen: der sechste Tag. (Gen 1,24-31)

Auf all das Wichtige und Hintergründige, das da gesagt ist, kann hier nicht eingegangen werden. Aber auf das eine oder andere möchte ich schon hinweisen. Am Ende, gewissermaßen als Ziel der Schöpfung, steht der Mensch. Und er wird nicht einfach so erschaffen wie all das übrige. Nur hier, vor der Erschaffung des Menschen, geht Gott mit sich selbst zu Rate. Er will etwas Unüberbietbares schaffen: «Laßt uns den Menschen machen als unser Abbild, uns ähnlich.» Was das doch für die Leute im Exil bedeutete! Die Menschen sind nicht einfach Zufallsprodukte. Sie sind nicht einfach so in eine chaotische Welt hineingespuckt. Sie sind nicht einfach sich selbst überlassen. Sie sind nicht irgendwelchen Mächten und Gewalten ausgeliefert. Die Menschen als Krone der Schöpfung. Als Spitze einer Pyramide. Und sie haben über sich nichts und niemanden außer Gott allein.

Ebenbild Gottes

Aber das ist noch lange nicht alles. «Laßt uns den Menschen machen als unser Abbild, uns ähnlich.» Es ist viel darüber geschrieben worden, worin denn die Ähnlichkeit zwischen Gott und den Menschen bestehen soll. Allzu kompliziert sollte das ja nicht sein. Um bei unserer Erzählung zu bleiben: wir haben Gott bisher als den kennen gelernt, der ordnend und schöpferisch am Werke ist. Darin sollen ihm die Menschen gleichen oder ähnlich sein. So wie Gott ordnend und schöpferisch am Werke ist, so sollen auch die Menschen ordnend und schöpferisch am Werke sein. Ähnlich sagt es auch der Text, wenn wir gut hinhören, was Gott von seinem Projekt, den Menschen zu machen, noch weiter sagt: «Laßt uns den Menschen machen als unser Abbild, uns ähnlich. Sie sollen herrschen über die Fische des Meeres, über die Vögel des Himmels, über das Vieh, über die ganze Erde und über alle Kriechtiere auf dem Land.» Herrschen soll der Mensch. Aber doch nicht so, daß er die ganze Erde verbetoniert und die Wälder rodet. Doch nicht so, daß er den Boden auslaugt bis zum Geht-nicht-mehr. Doch nicht so, daß er die Viecher in dunkeln Kammern mästet, bevor er sie aufißt. Wenn die Menschen schon Gott ähnlich sein sollen: Gott macht es doch auch nicht so; er geht ordnend und schöpferisch, zärtlich und lebenspendend mit allem um. Darin besteht auch unser Herrschen: daß wir Leben spenden und zum Leben verhelfen – eben wie Gott es tut.

Wie sähe doch die Welt ganz anders aus, wenn wir dem Willen Gottes nachkämen. Sehen Sie, das ist der Wille Gottes: daß wir ihm ähnlich sind, Leben spenden, Leben fördern, Leben hegen und pflegen, d.h. herrschen wie Gott. Und nachdem Gott die Menschen erschaffen hatte, heißt es: «Gott segnete sie und Gott sprach zu ihnen: Seid fruchtbar und mehret euch, bevölkert die Erde und macht sie euch untertan, und herrscht über die Fische des Meeres, über die Vögel des Himmels und über alle Tiere, die sich auf dem Land regen.» Das kann doch nur so verstanden werden, daß wir – ähnlich wie Gott – schöpferisch mit allem umgehen. Unter unserer Herrschaft sollen Pflanzen und Tiere, sollen unsere Wälder am Amazonas und unsere Fische im Rhein leben können.

Und noch das andere, auf das ich unbedingt aufmerksam machen muß. Im Text heißt es: «Gott schuf also den Menschen als sein Abbild, als Abbild Gottes schuf er ihn. Als Mann und Frau schuf er sie.» Es ist also überhaupt nicht so, daß nur der Mann Abbild Gottes wäre. Es ist überhaupt nicht so, das nur der Mann den Auftrag bekommen hätte, über die ganze Erde zu herrschen. Und ich weiß nicht, wieso Männer die Frauen so als eine Art Anhängsel betrachten: nett, aber doch irgendwie minderwertig, dekorativ, aber im Grund genommen überflüssig außer zum Kinderkriegen. Der Mann ist nicht Mensch ohne die Frau, und die Frau ist nicht Mensch ohne den Mann. Nur als Mann und Frau sind Menschen Abbild Gottes. Und nur als Mann und Frau soll der Mensch über die ganze Erde herrschen.

Stellen Sie sich vor: Dieser Text ist vor 2500 Jahren geschrieben worden! Wir machen uns immer noch lustig über ihn, weil er nicht auf der Höhe unserer naturwissenschaftlichen Erkenntnisse sei. Dabei wäre es am Text, sich über uns lustig zu machen, weil wir 2500 Jahre später noch immer nicht annähernd auf seinem ethischen Niveau sind – und auf das käme es doch an. Immer noch gibt es Ängste vor der Gleichberechtigung von Mann und Frau, jener Gleichberechtigung, die die Bibel schon vor 2500 Jahren laut und deutlich proklamiert hat. Ganz zu schweigen von der Kirche. Wie eine Kirche, die sich den Ehrennamen «Gemeinde Gottes» zulegt, 2000 Jahre mit diesem Text zu leben imstande ist, ihn verkündet und erklärt, ohne auch nur im geringsten daraus die Konsequenzen zu ziehen und der Frau in der Kirche jenen Platz zu geben, der ihr gehört, ist mir schlicht unverständlich. Und dabei sollte doch gerade die Kirche mit ihrem guten Beispiel vorangehen. Denn auch hier hätte sie Licht zu sein für alle Völker.

Der Sabbat als Krone der Schöpfung
Ich habe vorher eine falsche Aussage gemacht. Ich sagte, der Mensch sei das Ziel und die Krone der Schöpfung. Als ob mit der Erschaffung des Menschen die Schöpfung an ihrem Ziel und Ende angekommen wäre. Das stimmt nicht. Wir waren erst beim sechsten Tag. Der Text fährt noch weiter.

> So wurden Himmel und Erde vollendet und ihr ganzes Gefüge. Am siebten Tag vollendete Gott das Werk, das er geschaffen hatte, und er ruhte am siebten Tag, nachdem er sein ganzes Werk vollbracht hatte. Und Gott segnete den siebten Tag und erklärte ihn für heilig; denn an ihm ruhte Gott, nachdem er das ganze Werk der Schöpfung vollendet hatte.
> (Gen 2,1-2)

Es ist also nicht ganz richtig zu sagen, der Mensch sei das Ziel, die Krone der Schöpfung. Eigentlich ist der Sabbat das Ziel und die Krone der Schöpfung, der siebte Tag, an dem Gott sein Werk vollendet hat, wie es zweimal in diesem kurzen Abschnitt heißt. Und ebenfalls zweimal heißt es, Gott habe an dem Tag geruht. Und weiter: Er habe diesen Tag gesegnet und für heilig erklärt.

Es kommt mir so vor, wie wenn ein Maler, nachdem er sich intensiv an der Leinwand beschäftigt hat, ein paar Schritte zurückgeht, um das Werk als Ganzes zu betrachten, dann vielleicht noch mit diesem oder jenem Tupfer die gesamte Komposition abrundet, wiederum zurückgeht, sich auf einen Lehnstuhl setzt und das ganze Werk als Ausdruck seiner selbst bewundert. Vielleicht leistet ihm dabei eine gute Flasche Wein Gesellschaft. Auf alle Fälle ist es für ihn ein unerhört wichtiger Tag. Er schreibt ihn in sein Tagebuch, und all seinen Kolleginnen und Kollegen kann er sagen: An dem und dem Tag habe ich das Werk vollendet. Der Sabbat als die Krone der Schöpfung. Der Sabbat, an dem Gott sein Werk bewundert und sich so gewissermaßen in die Schöpfung miteinbezieht.

Erinnern wir uns, was für die Israeliten im Exil der Sabbat bedeuten sollte. Gerade im Exil, wo die Israeliten mit vielen andern Menschen zusammenkamen und Gefahr liefen, ihre eigene Identität zu verlieren, war es wichtig, etwas zu haben, wodurch sie sich von allen andern unterschieden. Und das war – außer der Beschneidung – der Sabbat. Dadurch, daß die Israeliten den Sabbat hielten, wollten sie ihren Zwingherren kundtun, zu wem sie gehörten, wessen Volk sie eigentlich waren. Sie waren das Volk des Schöpfers des Himmels und der Erde, neben dem und über dem es keinen andern Gott gibt. Wer an diesen Gott glaubt, dokumentiert seine Freiheit. Dadurch daß der Sabbat ihnen gesegnet und geheiligt war, der Tag, an dem Gott sein Werk vollendete, der Tag, an dem Gott ruhte von seinem Werk, wollten die Israeliten auch kundtun, daß ihnen die Erde nicht gleichgültig ist, sondern daß sie als Teilhaberinnen und Teilhaber Gottes auch Teilhaberinnen und Teilhaber all dessen sind, was geschaffen ist. Dadurch daß die Kinder Israels den Sabbat hielten in fremder Umgebung, wollten sie kundtun, daß die Welt nicht von Menschen erschaffen ist, daß die Welt nicht machbar ist, sondern daß die Welt einem andern gehört, und daß der Welt unsere Aufmerksamkeit, unsere Bewunderung gebührt, weil die Welt Geschenk ist. Geschenk Gottes. Kunstwerk Gottes.

Und nun frage ich: Was haben wir mit dem Sabbat gemacht? Oder deutlicher: was machen wir mit unserem Sonntag? Wo ist unser Innehalten? Wo nehmen wir Abstand von unseren Aktivitäten, von unserem Leistungsdruck? Der Sonntag wäre doch die Gelegenheit, uns von all dem Macher-Geist zu distanzieren und uns das bewußt zu machen, was eben auch der Wille Gotes ist: Wir sind eingebunden in eine Welt, die Gottes Schöpfung ist; wir sind beauftragt, schöpferisch mit dieser Welt umzugehen; und wir sind eingeladen, uns mit dem Schöpfer an seinem Werk zu freuen.

Gewiß bin ich tief beeindruckt von den vielen Vorschlägen, die zur Verminderung der Umweltzerstörung vorgebracht werden: Temporeduzierung auf den Straßen; überhaupt maßvoller Umgang mit dem Auto; Förderung des öffentlichen Verkehrs; strengere Kontrollen der Industriebetriebe, besonders der chemischen; bewußteres Konsumverhalten, Stromsparen usw. Ich frage mich nur, ob wir all den Problemen auf gesetzlichem Wege beikommen können. Was nützen uns all die umweltschützlerischen Gesetze, wenn die Menschen dabei griesgrämig werden?

Dem Verfasser unseres Schöpfungsberichtes muß ich ein Kompliment machen. Auf faszinierende Weise spricht er von der Schöpfung und vom wunderbaren Platz, den die Menschen innerhalb der Schöpfung einnehmen, ohne überhaupt ein einziges Gebot aufzustellen, außer – wenn man das als Gebot bezeichnen will – dieses: Nach dem Abbild Gottes, ihm ähnlich miteinander und mit der Welt umzugehen: schöpferisch, Leben spendend, Leben fördernd, sich einfügend in die gute Ordnung und sich darüber freuend, Mit-Schöpferinnen und Mit-Schöpfer, Mit-Arbeiterinnen und Mit-Arbeiter, ja Mit-Spielerinnen und Mit-Spieler an der Schöpfung sein zu können. Das ist der Wille Gottes, der Wille Gottes, den wir so oft strapazieren. Im Unterschied zu Gesetzen, die wir einfach so abhaken können, sind uns bei diesem Konzept keine Grenzen gesetzt. Unser Verhalten gegenüber unserer Umwelt wird uns nicht von außen her auferlegt; es kommt von innen heraus. Unsere Intelligenz, unsere Phantasie, all unsere Fähigkeiten können wir ins Spiel bringen, nicht weil es uns ein Bundesrat oder ein Parlament auf mühsamen Wegen verordnet, sondern weil wir als Mitschöpferinnen und Mitarbeiter und Mitspielerinnen Gottes gar nicht anders können und gar nicht anders wollen.

Andere Töne
Es gibt im Alten Testament noch einen andern Schöpfungsbericht. Seine Vorstellungen von Gott und vom Menschen unterscheiden sich erheblich von demjenigen, den wir eben gelesen haben. Das ist auch verständlich. Dieser andere Bericht, von dem wir noch einen Teil lesen wollen, ist möglicherweise mehr als dreihundert Jahre früher geschrieben worden, und die Verhältnisse in Israel waren ganz andere. Es war – so hat man wenigstens vermutet – die Zeit nach den Königen David und Salomo. Diese zwei begabten Männer haben aus den paar Nomadenstämmen ein richtiges Volk, einen richtigen Staat gemacht – mit allem, was dazu gehört: eine Hauptstadt und ein Tempel als Symbol der politischen und religiösen Einheit des Staates, ein König, ein Heer, eine Beamtenschaft, mehr oder weniger gesicherte Grenzen mit befestigten Grenzstädten, Mitmischen im internationalen Handel und Verkehr usw. Damit verbunden ein beträchtliches Selbstbewußtsein, im internationalen Konzert der Staaten auch jemand zu sein. Das alles aber auch mit sei-

nen Kehrseiten: die Arroganz der Macht, die Rücksichtslosigkeit des Wettbewerbs, das Sich-Aufblähen der Beamtenaristokratie, die zunehmende Gewalt, das immer größer werdende soziale Gefälle, der Mensch, d.h. der Mann, der sich immer mehr absolut setzt, der für alles, auch für gut und bös, an sich selber das Maß nimmt, an seinem Vorwärtskommen, an seiner Karriere, an seinem Prestige.

Es ist klar, daß man mit solchen Leuten ganz anders über Gott und die Menschen sprechen muß als mit Leuten, die im Exil sind und sich dort ihren Depressionen hingeben. Leuten, die an Gott und sich selber zweifeln, die sich selbst als der letzte Dreck vorkommen, die nicht mehr wissen, was oben und unten ist, solchen Leuten muß man Mut zusprechen: Die Welt ist nicht ein Chaos, wenigstens nicht als Chaos gemeint, und sie wird nicht von unkontrollierbaren Kräften beherrscht. Der Mensch ist nicht ein Wesen unter «ferner-liefen», sondern geschaffen als Gottes Ebenbild, ihm ähnlich, eingeladen, mit-teilzunehmen an dem ordnenden und schöpferischen Umgang Gottes mit der Welt. Mit Leuten hingegen, die sich selbst im Mittelpunkt sehen, die alles für machbar halten, die sich selbst zum Maß aller Dinge machen, die selbst sein wollen wie Gott, mit solchen Leuten muß man anders über die Ursprünge der Welt und über den Willen Gottes sprechen, nicht in dem Sinn, daß man sie zusammenstaucht, sondern in dem Sinn, daß man ihnen jenen Platz zuweist, den sie in der Welt haben. Aber lassen wir jetzt den Verfasser selbst zu Worte kommen, und lassen wir uns vor allem anstecken von der Feinheit und von der Phantasie, mit welcher er von Gott und von dessen Verhältnis zu den Menschen spricht.

> Zur Zeit, als Gott, der Herr, Erde und Himmel machte, gab es auf der Erde noch keine Feldsträucher und wuchsen noch keine Feldpflanzen; denn Gott, der Herr, hatte es auf die Erde noch nicht regnen lassen, und es gab noch keinen Menschen, der den Ackerboden bestellte; aber Feuchtigkeit stieg aus der Erde auf und tränkte die ganze Fläche des Ackerbodens.

Da formte Gott, der Herr, den Menschen aus Erde vom Ackerboden und blies in seine Nase den Lebensatem. So wurde der Mensch zu einem lebendigen Wesen.
Dann legte Gott, der Herr, in Eden, im Osten, einen Garten an und setzte dorthin den Menschen, den er geformt hatte. Gott, der Herr, ließ aus dem Ackerboden allerlei Bäume wachsen, verlockend anzusehen, und mit köstlichen Früchten, in der Mitte aber den Baum des Lebens und den Baum der Erkenntnis von Gut und Bös...
Gott, der Herr, nahm also den Menschen und setzte ihn in den Garten von Eden, damit er ihn bebaue und hüte. Dann gebot Gott, der Herr, dem Menschen: Von allen Bäumen des Gartens darfst du essen, doch vom Baum der Erkenntnis von Gut und Böse darfst du nicht essen; denn sobald du davon ißt, wirst du sterben. Dann sprach Gott, der Herr: Es ist nicht gut, daß der Mensch allein bleibt. Ich will ihm eine Hilfe machen, die ihm entspricht.
Gott, der Herr, formte aus dem Ackerboden alle Tiere des Feldes und alle Vögel des Himmels und führte sie dem Menschen zu, um zu sehen, wie er sie benennen würde. Und wie der Mensch jedes lebendige Wesen benannte, so sollte es heißen. Der Mensch gab Namen allem Vieh, den Vögeln des Himmels und allen Tieren des Feldes. Aber eine Hilfe, die dem Menschen entsprach, fand er nicht.
Da ließ Gott, der Herr, einen tiefen Schlaf auf den Menschen fallen, so daß er einschlief, nahm eine seiner Rippen und verschloß ihre Stelle mit Fleisch. Gott, der Herr, baute aus der Rippe, die er vom Menschen genommen hatte, eine Frau und führte sie dem Menschen zu. Und der Mensch sprach:
Das ist endlich Bein von meinem Bein und Fleisch von meinem Fleisch. Frau soll sie heißen; denn vom Mann ist sie genommen. Darum verläßt der Mann Vater und Mutter und bindet sich an seine Frau, und sie werden ein Fleisch. Beide, Adam und seine Frau, waren nackt, aber sie schämten sich nicht voreinander.
(Gen 2,4b-9.15-25)

Der Töpfer und die zerbrochenen Gefäße
Das eine Mal, bei der Erschaffung des Menschen, tritt

Gott auf als Töpfer. Aus der Erde vom Ackerboden formt er ihn. Und beachten Sie diese Zärtlichkeit: Gott bläst in die Nase dieses Gebildes seinen Lebensodem. Feiner kann das Verhältnis zwischen Gott und Mensch kaum dargestellt werden. Die biblischen Theologen betrachteten das nicht nur als einmaliges Ereignis am Anfang der Schöpfung. Sie waren überzeugt, daß der Mensch nur dann leben kann, richtig leben kann, wenn er mit Gott atmet. Wenn Gott seinen Atem zurückziehen würde, müßte der Mensch sterben, in Staub und Asche würde er zerfallen. Um es etwas überspitzt zu sagen: der Mensch lebt nur aus der Mund-zu-Mund-Beatmung mit Gott heraus.

Das andere Mal tritt Gott als Chirurg auf. Er verabreicht dem Menschen eine Narkose, entnimmt ihm eine Rippe und baut sie zu einer Frau aus.

Immer wieder haben sich hauptsächlich Männer über diese Stelle lustig gemacht. Ich denke, sie tun das aus Verlegenheit. Weil sie nicht gern zugeben, daß die Frau nicht weniger Mensch ist als der Mann. Und weil sie nicht gern zugeben, daß die Frau ihnen viel näher steht, als sie meinen. Und weil sie nicht gern zugeben, daß sie von der Frau keine Ahnung haben; der Mensch hat ja geschlafen, als Gott die Frau erschuf. Dabei wäre es für uns Männer ratsamer, wenn wir einstimmten in den Jubelruf des Menschen. Nachdem ihm Gott alle Tiere des Feldes und alle Vögel des Himmels zugeführt hatte, aber der Mensch in keinem von diesen lustigen und ernsten Wesen ein richtiges Gegenüber erkannte, bricht er angesichts der Frau in einen wahren Jubel aus: Das ist endlich Bein von meinem Bein und Fleisch von meinem Fleisch... Das endlich ist das richtige Gegenüber, die eigentliche Partnerin.

Ach Gott, was haben wir aus all dem gemacht – aus dem Willen Gottes. Wir vermarkten Frauen bis auf den heutigen Tag, angefangen mit den oft anzutreffenden Sklavenhaltereien in unseren Haushalten über den Sextourismus bis zur Reklame, wo die Frau dazu gebraucht wird, dem Mann etwas viel Wichtigeres anzubieten: ein Auto. Und wir fragen uns noch, warum es mit der Welt so steht!

Wir wissen, wie die Geschichte nach der Schöpfung weiter gegangen ist – bis auf den heutigen Tag. Die Menschen wollten und wollen sein wie Gott. Sie wollen bestimmen, was für das Leben förderlich ist und was nicht. Dabei nehmen sie den Maßstab für das Leben bei sich selbst, genauer gesagt: beim Mann. Sie meinen, ihr Komfort sei Leben. Sie meinen, ihr stupides Sicherheitsbedürfnis sei Leben. Sie meinen, ihre Zweitwohnung und ihr Zweitwagen und ihr Urlaub auf Mallorca sei Leben. Sie haben aufgehört, mit Gott zu atmen, d.h. sie haben aufgehört, das in sich aufzunehmen, was der Wille Gottes ist. Und so ist es gekommen, daß die Menschen übereinander herfallen, daß sie gegeneinander Kriege führen, daß sie den Boden nicht mehr ruhen lassen, sondern ihn bis zum letzten auslaugen, daß sie die Gewässer zugrunde gehen lassen, weil ihnen wohlriechende Wäsche wichtiger ist als sauberes Wasser, und daß die Männer die Frauen versklaven – und daß bei all dem jeder und jede sich der Verantwortung entziehen will. Der Mann sagt: «Die Frau hat mir von dem Baum gegeben.» Immer ist die Frau die Verführerin. Und die Frau sagt: «Die Schlange hat mich verführt ...»

Zum Leben berufen

Ich muß hier aufhören. Wir sind ausgegangen von der Vaterunser-Bitte: «Dein Wille geschehe.» Diese Bitte hat überhaupt nichts Trübseliges und Griesgrämiges und Zähneknirschendes an sich. Auch ist damit nicht an erster Stelle ein passives Hinnehmen gemeint. Im Gegenteil. Die Bitte «Dein Wille geschehe» führt uns zur Ur-Absicht Gottes mit dem Menschen und der Welt. Gottes Wille möge sich durchsetzen. Das will sagen: Der Plan Gottes mit dem Menschen und der Welt möge sich verwirklichen. Menschen sollen zu Mitschöpfern und Mitschöpferinnen Gottes, zu Partnern und Partnerinnen Gottes werden;

Menschen mögen auch einander als gleichberechtigte Partner begegnen; Menschen sollen Leben ermöglichen und Leben fördern, Leben hegen und pflegen; Menschen sollen atmen: mit Gott, miteinander, mit den Wäldern und Flüssen. Es wird deutlich, daß Menschen ein solches Gebet nicht sprechen dürfen, ohne sich selbst hineinnehmen zu lassen in diesen Willen. Wenn sie zu Gott beten: «Dein Wille geschehe», werden sie selbst alles tun, damit Gottes Wille auch wirklich geschehe. Sie werden sich einsetzen für die Gleichberechtigung von Mann und Frau in allen Belangen des Lebens. Sie werden nicht dulden, daß es in der Gesellschaft ein Oben und Unten gibt, ein Zentrum und eine Peripherie; weil alle Menschen, auch die Ausländer und Ausländerinnen, zu einer einzigen großen Familie gehören. Sie werden sich einsetzen für den Abbau von Gewalt, wo immer sie dazu Gelegenheit haben. Sie werden alle Maßnahmen unterstützen, die die Qualität unserer Luft und unserer Gewässer verbessern. Sie werden auf den Wagen je länger desto mehr verzichten. Sie werden alle Initiativen unterstützen, die sich für Gerechtigkeit für alle Menschen einsetzen, ganz besonders für die Ärmsten und die Hungernden, auch dann, wenn sie selbst sich den Gürtel enger schnallen müssen.

Im Gebet «Dein Wille geschehe» beten Menschen um Phantasie und Kreativität, um Freude an der Schöpfung und Engagement für die Umwelt. Die Vaterunser-Bitte – da bin ich sicher – will uns befreien von unserer Angst vor Gott, uns befreien von unserer Hilflosigkeit und unserer Resignation und uns in eine Dynamik einweisen, die uns zu wirklichem Menschsein befreien kann.

Gebet
Guter Gott,
Vater und Mutter aller Menschen,
Schöpfer des Himmels und der Erde.
Wir bitten dich:

daß doch dein Wille geschehe;
daß doch deine liebende Absicht mit uns Menschen
und mit allem, was lebt, sich verwirkliche.
Mach, daß wir dir nicht wie unartige Kinder
im Wege stehen,
sondern daß wir als erwachsene Söhne und Töchter
Verantwortung übernehmen füreinander
und für die ganze Schöpfung.
Laß uns einstimmen in deinen Willen,
der Freude hat am Leben.
Laß uns einstimmen in deine schöpferische Kraft,
in deine Phantasie und Zärtlichkeit.
Laß uns einstimmen in deine Freude
an allem Geschaffenen.
Laß uns atmen mit dir,
mit unseren Freundinnen und Freunden.
Laß uns atmen mit den Fremden unter uns
und mit unserer kranken Nachbarin.

Unser tägliches Brot gib uns heute

Eine Bitte zum Überleben

Mit vollen Bäuchen um Brot bitten
Vielleicht fällt uns die Fremdheit des Vaterunsers nirgends so auf wie bei der Bitte um das tägliche Brot. Menschen unserer Hemisphäre, eingedeckt mit Versicherungen aller Art, eingedeckt mit Lachs und Hummer, mit Kalbfleisch und Hähnchen, mit exotischen Früchten und erlesensten Getränken, brauchen nicht ums tägliche Brot zu bitten. Wo Politikern die Abtragung der Butter- und Fleischberge größere Sorge bereitet als der Ankauf von Getreide, hört sich die Bitte ums tägliche Brot wie eine Farce an. Gewiß geben wir zu, daß viele Menschen Hunger leiden und Hungers sterben, daß manche auch bei uns unterernährt sind. Aber die Bitte ums tägliche Brot, und das erst noch im Vaterunser, setzt eine Not voraus, die es bei uns so nicht gibt. Gilt die Bitte vielleicht nicht für uns? Sollen wir diese Bitte für die Hungernden aussprechen?

Um es gleich vorwegzunehmen: die Hungernden brauchen nicht unser Gebet; sie brauchen Gerechtigkeit und Solidarität. – Und so stehen wir da mit vollen Bäuchen und bitten um Brot ... Lächerliche Gestalten, wenn nicht alles so tief traurig wäre.

Versuchen wir, die Bitte wenigstens zu verstehen, müssen wir das tun, was beim Lesen und Beten der Bibel immer wieder zu tun ist: Fragen wir nach der Ursprungssituation der Bittenden und fragen wir nach der Situation, in der wir stehen.

Offensichtlich hatten schon unsere Ahnen mit der Brot-Bitte ihre liebe Mühe. Theologen des Mittelalters, verleitet durch das seltene griechische Wort, das wir mit «täglich» übersetzen, dachten an das Brot der Eucharistie und folgerten aus der Bitte, man solle täglich zur heiligen Kommunion gehen. Andere dachten an das Brot der Zukunft, an das himmlische Gastmahl, von dem in der Bibel öfters die Rede ist (vgl. Mk 14,25; Mt 8,11-12; Lk 22,30) und sprachen: «Laß uns doch heute schon am himmlischen Gastmahl teilnehmen; laß uns doch heute schon die Vollendung deines Reiches erleben.» So schön diese Deutungen auch sind, für mich lenken sie zu sehr von der konkreten Situation der Beterinnen und Beter damals ab und laufen Gefahr, sich irgendwie im «Geistigen» zu verflüchtigen.

Realistischer war da schon der große Reformator Martin Luther. Er weitete die Brotbitte auf all das aus, was Menschen seiner Zeit nötig hatten oder sich ersehnten. Auf die Frage «Was ist denn täglich brott?» gibt er im Kleinen Katechismus folgende Antwort: «Alles was zur leybs narung und notturfft gehört als essen, trincken, kleyder, schuoch, haüusz, hoff, acker, vihe, gelt, guot, frumb gemahel, frumb kinder, frumb gesind, frumb und getreuwe oberhere, guot regiment, guot wetter, frid, gesundtheyt, zucht, eer, guot freund, getreuwe nachbarn und der gleychen.»

Ein Gebet von Hungerleidern
Ich zweifle keinen Augenblick daran, daß fromme Menschen um all das beten sollen und beten dürfen, und es ist nicht zu leugnen, daß Friede und Gesundheit und treue Nachbarn lebensnotwendig sind. Ich denke aber nicht, daß Jesus seine Jüngerinen und Jünger im Vaterunser um Hof und Acker und wohlerzogene Kinder beten ließ. Denn

andernorts ruft er denjenigen, die ihm nachfolgen, zu: «Wenn jemand zu mir kommt, und sich nicht von Vater und Mutter, von Frau und Kindern, von Brüdern und Schwestern abwendet, kann er nicht mein Jünger sein» (Lk 14,26). Jesus kann die Jünger doch nicht um das bitten lassen, was sie handkehrum wieder verlassen sollen. Der genannte Spruch dürfte uns aber weiterhelfen. Die Jüngerinnen und Jünger konnten Jesus nur nachfolgen, indem sie alles verließen: Eltern und Kinder, Mann und Frau, Haus und Hof. Erinnern wir uns an den Mann, der von Jugend an alle Gebote befolgt hatte und so eigentlich die besten Voraussetzungen mitbrachte, um in den Jüngerkreis Jesu aufgenommen zu werden. Als Jesus ihm aber sagte: «Eines fehlt dir noch: Geh, verkaufe, was du hast, gib das Geld den Armen... und komm und folge mir nach», da wurde dieser Mann traurig und ging weg; denn – so heißt es – «er besaß viele Güter» (Mk 10,17-22). Niemand kann Jesus nachfolgen und gleichzeitig an den eigenen Gütern kleben bleiben.

Aber das ist eigentlich noch nicht das erste. Der reiche Mann wird aufgefordert, alles, was er habe, den Armen zu geben. Diese standen Jesus am nächsten. Und Arme gab es zur Zeit Jesu viele. Bedürftige, für die das tägliche Brot keine Selbstverständlichkeit war, Hungernde, Tagelöhner, Leute, die keine Arbeit hatten, Leute, die betteln gingen, weil sie krank waren, oder Leute, die für andere betteln gingen... Das Neue Testament berichtet immer wieder von diesen Leuten: vom Mann mit der gelähmten Hand (Mk 3,1-6), vom blinden Bartimäus (Mk 10,46-52), von der gekrümmten Frau (Lk 13,10-13), von der armen Witwe (Mk 12,41-44), vom armen Lazarus (Lk 16,19-31). Und die Evangelien berichten uns, daß sich Jesus vor allem von ihnen angezogen und ihnen verpflichtet fühlte. Vielleicht begann Jesu erste große Rede mit einem Glückwunsch gerade an sie:

Selig ihr Armen; euch gehört das Reich Gottes.
Selig ihr, die ihr Hunger habt; ihr sollt gesättigt werden.
Selig ihr, die ihr weint; ihr sollt lachen können.
(Lk 6,20-21)

Zu den Armen und Hungernden dürften auch Jesus und seine Jünger selbst gehört haben. Wenn in den Evangelien Jesus und seine Jünger oft als solche beschrieben werden, die immer wieder irgendwo zu Gast waren, irgendwo aßen und tranken, selbst bei Sündern und Zöllnern, was Jesus übrigens den Vorwurf eines «Fressers und Weinsäufers» eingebracht hatte (Lk 7,34), dann ist der Grund dieses Essens und Trinkens sicher auch darin zu suchen, daß Jesus und die Seinen oft selbst Hunger hatten. Sie haben ja alles verlassen: Familie, Beruf, Haus, Hof, zogen herum und verkündeten und lebten das Kommen der Herrschaft Gottes. Und sie stützten sich dabei auf nichts und auf niemand anders als auf den lieben Vater, die liebe Mutter im Himmel.

Hier, und wahrscheinlich nur hier hinein paßt die Vaterunser-Bitte: «Gib uns heute unser tägliches Brot.» Hier wird auch deutlich, daß sich das Vaterunser von der bestimmten ökonomischen und sozialen Wirklichkeit der Beterinnen und Beter nicht trennen läßt. Das Reich Gottes, das Jesus verkündet und lebt, läßt sich nicht trennen von den konkreten Menschen und ihren konkreten Situationen: Arme, Hungernde, Blinde, Ausgestoßene... werden beglückwünscht, weil Gott für sie Partei ergreift, und zwar derart, daß diese Parteinahme sich in Essen und Trinken niederschlägt, im Sattwerden und Aufstehen, im Lachen und im Hoffen auf eine neue Zukunft.

Eine Überlebens-Bitte
Diese Informationen mögen ja recht und gut sein, aber trennen sie uns nicht noch mehr vom Vaterunser? Müssen wir denn in die Rolle von Hungerleidern und Tagelöhnern

schlüpfen, um die Bitte überhaupt aussprechen zu können?

Darüber haben sich nicht erst die mittelalterlichen Theologen und der große Reformator Martin Luther Gedanken gemacht. Auch der Evangelist Lukas mußte sich dem Problem stellen. In seinem Evangelium hört sich unsere Vaterunser-Bitte anders an. Hier heißt es nicht: Unser Brot, das wir nötig haben (oder: unser Brot für morgen) gib uns heute, sondern: Unser Brot, das wir nötig haben..., gib uns Tag für Tag (11,3). Menschen, die so beten, haben nicht mehr nur gerade den heutigen (oder morgigen) Tag vor Augen; sie erbeten die tägliche Sicherung durch Gott auch schon für die Zukunft. So beten nicht mehr nur Arme und Hungernde, so beten seßhafte Familien, Familienväter, Familienmütter, Leute, die Verantwortung tragen füreinander und dabei auch schon an die Zukunft denken. So kommt die Brot-Bitte, wie sie im Lukasevangelium formuliert ist, unserem Lebensstil besser entgegen. Es ist ein Lebensstil, der geprägt und getragen ist von der Verantwortung füreinander.

Und doch − so meine ich − darf die «gefährliche Erinnerung» der ursprünglichen Bedeutung der Brot-Bitte nicht verloren gehen. Die Armen und Hungernden dürfen in unserer Bitte um das tägliche Brot nicht ausgeblendet werden. Im Gegenteil. Sie müssen darin einen ganz bedeutenden Platz haben. Aufrichtig sprechen können wir diese Bitte nur, wenn wir uns zu Anwälten der Hungernden machen. Und meinen wir ja nicht, es sei ein Luxus, den wir uns über das Vaterunser hinaus auch noch leisten können.

Schauen wir die Dinge an, wie sie sind. Jesus und die Seinen sprachen die Bitte um das tägliche Brot aus einer beklemmenden Not heraus. Wenn Gott diese Not nicht behebt, werden die Betenden verhungern. Für uns, in unserer satten Gesellschaft, scheint das Umkommen vor Hunger überhaupt nicht vorstellbar zu sein. Wir wissen nicht, was hungern bedeutet. Das aber müssen wir festhalten: Wenn wir auch nicht sogleich durch den eigenen Hunger umkommen, so werden wir über kurz oder lang durch den Hunger der wirklich Hungernden umkommen. Wie? Politiker aus Ost und West sind sich heute einig: Nicht die wirtschaftlichen und politischen Spannungen zwischen Ost und West mit all ihren Bomben- und Raketenlagern bedrohen primär die Welt und ihr Überleben, sondern die immer mehr sich verschärfende Spannung und Kluft zwischen Nord und Süd, zwischen reich und arm. Dieser Konflikt ist viel umfassender und ganzheitlicher und auch viel schwieriger anzugehen. Beim Ost-West-Konflikt geht es um ein paar Warenmärkte, um die Atomlobby, um die Rüstungsindustrie: Hier können – wenn gewiß auch mit erheblichen Schwierigkeiten – ein paar Umstrukturierungen und Gewichtsverlagerungen vorgenommen werden. Wer da Vorschläge bereit hat, kann sich einen Namen machen, bekommt sogar den Friedensnobelpreis. Beim Nord-Süd-Konflikt ist es anders. Hier sind alle Menschen und ist der ganze Mensch gefragt. Und was unendlich viel schwieriger ist: es sind die Reichen gefragt. Die Überwindung des Nord-Süd-Konfliktes ruft nach Umkehr, nach Gerechtigkeit, nach Solidarität. Kein Bankkonto-Büchlein wird auf dem andern bleiben. Die Zweit-Wohnungen und Zweit-Wagen werden geschleift werden. Gelder von Rausch- und anderen Giftgeschäften werden nicht mehr gewaschen. Der Wahnsinns-Konsumismus wird ein Ende nehmen. Die giftigen Abfälle werden nicht mehr exportiert. Für die Bodenschätze und Produkte aus der Dritten Welt werden gerechte Preise bezahlt... Wer sich dafür einsetzt, macht sich nicht einen Namen, sondern wird als linker Hetzer verschrieen.

Aber es bleibt dabei: Damals war die Bitte um das tägliche Brot eine Bitte ums Überleben. Unsere Überlebens-Bitte wird das Engagement und die Bitte um Gerechtigkeit für alle sein; denn nur innerhalb einer weltweiten Gerechtigkeit kann unser Überleben gesichert werden. Dann aber ist die Brot-Bitte nicht mehr eine Luxus-Bitte, die wir auch mal überspringen können, weil wir uns das Brot ja schon beschaffen. Es wird auch nicht eine Stellvertretungs-Bitte sein für all diejenigen, die nichts zu essen haben. Die Brot-Bitte wird die Bitte darum sein, uns selbst und unsere Gesellschaft umkrempeln zu lassen, es sei denn, die Brot-Bitte verkümmere mehr und mehr zu einer billigen Alibiübung, wenn nicht gar zu einer Selbstverfluchung. Gib uns heute unsere tägliche Solidarisierung mit den Armen und Ärmsten – mit allem, was das besagt –, weil wir nur so überleben können.

Las Casas und der Ernstfall
Ob die Brot-Bitte des Vaterunsers auch mit unserer Eucharistie etwas zu tun hat? Sicher ist, daß wir in unsern Eucharistiefeiern mit Brot umgehen, Brot konsekrieren, Brot brechen, Brot verteilen. Reiche verteilen es an Reiche. Die Hungernden kommen auch hier zu kurz. Wenn die Brot-Bitte des Vaterunsers ursprünglich kaum etwas mit unseren Eucharistiefeiern zu tun hatte, ist doch nicht zu übersehen, daß diese Bitte gewissermaßen im Zentrum der Eucharistiefeier steht und daß diese Bitte das Problem der Eucharistie nur noch verschärft. Lassen Sie mich das anhand einer kleinen Erzählung deutlich machen.

Zehn Jahre nach der Entdeckung Amerikas ist Bartolomé de las Casas im Jahr 1502 nach Amerika gekommen. An der gewaltsamen Unterwerfung der Indianer der Insel Hispaniola (das ist das heutige Haiti und die Dominikanische Republik) hat er eifrig mitgewirkt. Dort feierte er auch als erster Primiz, nachdem er in Amerika zum Priester geweiht worden war. Ab 1513 begleitete er eine Gruppe von Eroberern nach Kuba, wo Christen ihre Herrschaft den dortigen Bewohnern – wie es heißt: mit Blut und Feuer – aufgezwungen haben. Als Belohnung für seine Dienste erhielt Bartolomé eine Gruppe von Indios zugewiesen, die er für sich arbeiten lassen konnte. Er selber schrieb damals von sich, wie alle anderen sei auch er von vielen Geschäften in Anspruch genommen gewesen. Seine Indios hätte er zur Landarbeit benutzt oder in die Minen geschickt, um Gold zu suchen. Er hätte von ihnen profitiert, wie er nur konnte.

Eines Tages kamen spanische Großgrundbesitzer zu ihm und baten ihn, für sie Messe zu feiern und das Evangelium zu predigen. Sie wandten sich an ihn, weil er auf der Insel der einzige Priester war, der überhaupt Messe feiern konnte. Las Casas sagte zu, und machte sich daran, den Gottesdienst und die Predigt vorzubereiten. Dabei stieß er auf einen Text, der ihm viel zu schaffen machte. Dieser Text lautet wie folgt:

> Wer als Brandopfer ein Tier darbringt, das er sich durch Unrecht angeeignet hat, der bringt ein fehlerhaftes Opfer. Gaben von solchen, die das Gesetz übertreten, nimmt der Herr nicht an. Gott, der Höchste, hat keine Freude an Opfern von Menschen, die ihn mißachten. Wenn er Schuld vergibt, dann liegt es nie an der Zahl der Opfer. Wer einem Armen ein Tier wegnimmt, um es als Opfer darzubringen, handelt wie einer, der einen Sohn in Gegenwart seines Vaters tötet. Das Leben der Armen hängt an ihrer dürftigen Nahrung; wer sie ihnen nimmt, ist ein Mörder. Wer seinem Mitmenschen wegnimmt, wovon er lebt, der bringt ihn um. Auch der ist ein Mörder, der einem Arbeiter nicht den verdienten Lohn auszahlt.
> (Sir 34,21-27)

Das Wort ist hart und schwierig. Wer einem Armen etwas wegnimmt, um es als Opfer darzubringen, handelt wie einer, der einen Sohn in Gegenwart seines Vaters tötet. Das Leben der Armen hängt an ihrer dürftigen Nahrung; wer sie ihnen nimmt, ist ein Blutsauger und Mörder.

Wie immer, wenn man sich lange genug mit einem Text beschäftigt, entdeckt man darin Dinge, die mit dem eigenen Leben sehr wohl etwas zu tun haben. So bezog Las Casas das, was in diesem Text über das Opfer gesagt wird, auf das Meßopfer, das er für die Spanier und mit den Spaniern, d.h. mit den spanischen Großgrundbesitzern, zusammen hätte feiern sollen. Ist das Brot, mit dem sie Eucharistie feiern wollten, nicht das Brot, das sie den Armen wegnehmen? Ist das Brot, mit dem sie Gottesdienst feiern wollten, nicht das Lebensnotwendige der Armen? Und sagt der Text nicht, man handle wie ein Blutsauger und Mörder, wenn man das Notwendige den Armen wegnehme, um es Gott zu opfern? Las Casas fiel es wie Schuppen von den Augen. Er durchschaute plötzlich die ganze Perversität seines Handelns. Wenn er mit den spanischen Großgrundbesitzern die Messe feiert, handelt er als Blutsauger und Mörder. Das Meßopfer wird so zum schrecklichsten Götzendienst verdreht.

Las Casas sah sich nicht in der Lage, die Messe zu feiern. Er ließ das den Spaniern mitteilen. Dann ging er hin, befreite zuerst seine Indios und fing dann mit seiner prophetischen Aktivität an, zuerst in Kuba, dann auch in Haiti und in San Domingo, schließlich auch in Spanien selbst. Von den Leuten, die ihm zuhörten, heißt es: «Alle waren verwundert und gar erschreckt über das, was er ihnen sagte.»

Eucharistie: das Brot, das wir den Armen wegnehmen
Vor Jahren wollten Theologiestudierende mit mir zusammen eine Eucharistiefeier vorbereiten. Dabei stießen wir auf diesen Text. Er ließ uns nicht mehr los. Denn die Studierenden sagten sich: Bei uns ist es ähnlich, wenn wir die Zusammenhänge richtig bedenken. Wir können uns satt essen, während andere hungern. Wir sind gut dran, während andere darben müssen. Kommt das deswegen, weil es Gott mit uns gut meint und mit den anderen eben nicht? Können wir uns deswegen satt essen, weil wir mehr und besser arbeiten, während die Menschen in der Dritten Welt eben faul sind? So ist es ja nicht. Wenn die Reichen immer reicher und die Armen immer ärmer werden, ist das nicht

Schicksal, sondern die Folge einer Reihe von Ungerechtigkeiten. Das Brot, die Nahrung, mit der wir uns sattessen, fehlt den Armen, den Hungernden. Ist es dann aber nicht so, daß bei uns genau das gleiche geschieht wie im Text angedeutet ist: Wir feiern Eucharistie mit dem Brot, das den anderen fehlt, mit Brot, das wir ihnen wegnehmen? Machen wir uns so nicht auch zu Mördern und Blutsaugern? Und die jugendlichen Theologiestudierenden kamen je länger desto mehr zur Überzeugung, daß sie nicht fähig seien, Eucharistie zu feiern, und sie schlugen vor, einen einfachen Bußgottesdienst zu gestalten.

Zwar war ich mit diesem Vorschlag nicht ganz einverstanden, aber einen gewissen Respekt hatte ich vor diesen jungen Leuten schon. Wie oft feiern wir doch ziemlich gedankenlos Eucharistie. Und wie selten verbinden wir uns dabei mit den großen Anliegen der Weltbevölkerung. Das kann sogar so weit gehen, daß sich Leute gestört vorkommen und die Kirche verlassen, wenn in der Predigt vom Hunger in der Welt gesprochen und dieser Hunger als Ungerechtigkeit bezeichnet wird. Daß Leute unwirsch werden, wenn in der Predigt die enormen Rüstungsausgaben zur Sprache kommen und darauf hingewiesen wird, wie andere ausgebeutet werden. Sie sagen, Politik gehöre nicht in die Kirche, Eucharistie hätte mit der Wirtschaft nichts zu tun. Als ob Eucharistie nur im Herzen stattfinden würde. Als ob die Eucharistiefeier Privatsache wäre. Jesus Sirach sieht das anders. Bartolomé de las Casas sieht das anders. Und die Theologiestudierenden sehen das anders. Und ich denke, daß das auch Jesus anders sieht. Er ist nicht gekommen, um die Herzen der Menschen anzusprechen. Er wollte wirklich die Gesellschaft verändern, damit die Aussätzigen, die Armen, die Kinder und die Frauen nicht mehr am Rande darben müssen. Das Brot, das wir brechen, hat durchaus etwas mit unserer Gesellschaft zu tun. Eucharistie hat wirklich etwas mit Politik zu tun, so wie umgekehrt auch unsere Ungerechtigkeiten nicht nur uns selbst betreffen, sondern immer die ganze Gemeinde und die ganze Gesellschaft ins Unglück ziehen.

Eucharistie und Politik
Daß Eucharistie und Politik etwas miteinander zu tun haben, ist überhaupt nichts Neues, und man soll jetzt nicht von «moderner Theologie» sprechen, wenn ich an etwas erinnere, was für die Urkirche von allem Anfang an eine Selbstverständlichkeit war. In der Apostelgeschichte, die der Evangelist Lukas in den 80er Jahren des 1. Jahrhunderts verfaßt hat, lesen wir folgenden Passus:

> Sie alle blieben ständig beisammen; sie ließen sich von den Aposteln unterweisen und teilten alles miteinander, feierten das Mahl des Herrn und beteten gemeinsam. Durch die Apostel geschahen viele wunderbare Taten, und jedermann in Jerusalem spürte, daß hier wirklich Gott am Werk war. Alle, die zum Glauben gekommen waren, taten ihren ganzen Besitz zusammen. Wenn sie etwas brauchten, verkauften sie Grundstücke und Wertgegenstände und verteilten den Erlös unter die Bedürftigen in der Gemeinde. Tag für Tag versammelten sie sich im Tempel, und in ihren Häusern feierten sie in jubelnder Freude und mit reinem Herzen das gemeinsame Mahl. Sie priesen Gott und wurden vom ganzen Volk geachtet. Der Herr führte ihnen jeden Tag weitere Menschen zu, die er retten wollte.
> (Apg 2,42-47)

Und wenig später heißt es:

> Die ganze Gemeinde war ein Herz und eine Seele. Wenn einer Vermögen hatte, betrachtete er es nicht als persönliches, sondern als gemeinsames Eigentum. Durch ihr Wort und die Wunder, die sie vollbrachten, bezeugten die Apostel Jesus als den auferstandenen Herrn, und Gott beschenkte die ganze Gemeinde reich mit den Wirkungen, die von seinem Geist ausgehen. Niemand aus der Gemeinde brauchte Not zu leiden. Sooft es an etwas fehlte, verkaufte irgendeiner sein Grundstück oder sein Haus und brachte den Erlös zu den Aposteln. Jeder bekam davon so viel, wie er nötig hatte.
> (Apg 4,32-35)

Mag Lukas die Ursprünge der Jerusalemer Christengemeinde auch etwas idealisiert haben, bemerkenswert ist doch, daß das gemeinsame Mahl, die Eucharistie, und die Sorge um die Bedürftigen in einem Atemzug genannt werden und daß das Zeugnis-Geben von der Auferstehung und das Eintreten für soziale Gerechtigkeit zusammengehören. Und das gilt nicht nur für die eigene überschaubare Gemeinde. Schon dreißig Jahre vor Lukas hat Paulus, ein sonst recht abstrakter Theologe, in diesem Geiste gewirkt. Aus seinen Briefen geht hervor, daß er in praktisch allen Gemeinden, die er gründete und besuchte, Sammlungen durchführen ließ für die Bedürftigen andernorts. Der Gedanke der − man kann für damalige Verhältnisse schon sagen: weltweiten − Solidarität nimmt in seinen Schriften einen beachtlichen Raum ein.

Um so mehr heute, wo die Welt zu einem Dorf geworden ist, wie man sagt, und wir über die Verhältnisse weltweit viel besser informiert, aber auch viel stärker miteinander verhängt sind.

Ich selber spreche in der Predigt auch nicht gern vom Hunger in der Welt. Viel mehr als Ohnmacht erwirke ich bei mir und meiner Zuhörerschaft nicht. Und immer wieder ist die Klage zu hören: «Was kann ich denn schon als einzelner oder einzelne tun?» Und schon sind wir dabei, den Schwarzen Peter weiterzureichen und alles beim alten zu belassen.

Es stimmt ganz einfach nicht, daß wir so machtlos sind. Ich kenne unzählige christliche Gemeinden, die bereit wären, den Gegenbeweis anzutreten. Die eine Gemeinde trägt und unterstützt eine Apothekerkette in Zaïre, eine andere solidarisiert sich mit ihren beiden Entwicklungshelferinnen auf den Philippinen, eine dritte hat schon einen richtigen Handelsaustausch installiert, durch den für Produkte aus Peru gerechte Preise bezahlt werden können. Und all diese Gemeinden können feststellen, daß es nicht nur um Geld geht. Sie selber werden auch beschenkt, wenn sie angefangen haben, weltweit, eben katholisch, weltumfassend zu denken und zu handeln.

Die Wandlung
Wir können aber noch einen Schritt weitergehen. In letzter Zeit ist an fast alle Haushalte unseres Landes eine kleine Broschüre verteilt worden mit dem Titel «Konsum und Dritte Welt». Interessant, daß diese Broschüre nicht nur von den bekannten Hilfswerken wie Fastenopfer und Brot für Brüder herausgegeben wurde, sondern auch z.B. von der Stiftung für Konsumentenschutz. Bei unseren Einkäufen können wir uns informieren lassen. Stammt das Produkt, das wir kaufen wollen, aus Ländern oder Regionen, in denen kaum mehr als Hungerlöhne bezahlt werden? Müssen die Möbel, die wir anschaffen, unbedingt aus tropischem Hartholz bestehen, wenn wir doch wissen, daß dadurch in manchen Ländern wie Brasilien und Zaïre durch das Abholzen der Wälder das ganze Ökosystem kaputtgeht? Müssen wir so viel Fleisch essen? «Fleisch frißt Menschen» – so hieß neulich eine bedenkenswerte Sendung am Bildschirm. Könnten wir mit der Energie nicht sparsamer umgehen und uns etwas anderes einfallen lassen, statt weiterhin fragwürdige Kernkraftwerke zu bauen und erst noch die Dritte Welt als Müllhalde zu benutzen?

Sehr hilfreich sind auch die Dritt-Welt-Läden, die nicht nur gute Informationen liefern. Der Honig aus Guatemala schmeckt ausgezeichnet. Der Grüne Tee aus Sri Lanka ist eine Delikatesse, und an den Kaffee aus Nicaragua gewöhnt man sich nach der dritten Tasse auch.

Natürlich weiß ich, daß die Dinge viel komplizierter sind, als ich sie jetzt so dahinwerfe, und daß gegen manches Projekt viele Wenn und Aber eingewendet werden können. Aber erstens sind nicht die Hungernden schuld, daß die Welt so kompliziert geworden ist, und zweitens sollten wir doch irgendwo anfangen. Und drittens:

gemeinsam können wir schon was tun, wie die genannte Broschüre es gut aufzeigt.

Was das alles mit Eucharistie zu tun hat? Sehr viel. In den biblischen Schriften aber auch durch die ganze Kirchengeschichte hindurch zieht sich der rote Faden: Unsere Eucharistiefeier darf nicht zum Götzendienst werden, auch nicht zum Alibi – was ja das gleiche wäre. Unsere Eucharistiefeier stimmt nur dann, wenn in unserem Leben unsere Solidarität mit den Hungernden und Gequälten irgendwie zum Ausdruck kommt. Aus der Apostelgeschichte haben wir es eben gelesen, und Beispiele könnten noch mehrere angeführt werden: Das Brotbrechen und das Eintreten für Gerechtigkeit gehören zusammen, wenn das Brotbrechen nicht zur Lüge werden soll. Oder auch so: was nützt die Verwandlung von Brot und Wein in den Leib und das Blut des Herrn, wenn nicht unsere Gemeinde, wenn nicht wir alle verwandelt werden zu einer Gemeinschaft, in welcher niemand mehr körperlich oder geistig zu hungern braucht?

Vergib uns unsere Schuld, wie auch wir vergeben unseren Schuldigern

Durchbruch zum Leben

Ein Ausdruck von vorgestern
Von Sünde spricht man nicht gern. Schon der Ausdruck Sünde riecht nach Moder, nach vorgestern, nach verpaßter Aufklärung. Menschen des ausgehenden 20. Jahrhunderts haben andere Ausdrücke bereit: Delikt, Fehler, Fauxpas, Irrtum... und entsprechend bedeuten sie auch etwas anderes. Es gibt schon noch andere Ausdrücke. Aber sie taugen nicht. Verbrechen klingt zu pathetisch, Gaunerei gehört ins Kino, und Terror ist eindeutig eine Schuhnummer zu groß für uns gewöhnliche Sterbliche.

Tatsache ist, daß außer den Theologen und Predigern, die anscheinend nie so recht von ihrer verstaubten Sprache wegkommen, niemand mehr das Wort «Sünde» in den Mund nimmt. Weder Psychologe noch Soziologe noch sonst ein ernsthafter Wissenschaftler. Schuld mag bei Psychologen noch gerade durchgehen, doch eher im Sinn von Schuldkomplexen, falschen Schuldgefühlen, Schuldbewältigung. Aber das ist dann schon wieder etwas anderes.

Wenn wir in unserem Sprachgebrauch von Sünden und Sündern sprechen, dann eher in einem verklemmten oder auch verharmlosenden Sinn. Man spricht von Verkehrssündern, vom Sündenregister eines kleinen Halunken und von der Alm, auf der es pikanterweise «koa Sünd» geben soll. Dabei haben die Älteren unter uns im Religionsunterricht, im Katechismus diesbezüglich eine ganze Menge gelernt. Sie unterschieden zwischen Todsünde und läßlicher Sünde; sie konnten die Sünden gegen die Gebote der Kirche aufzählen, die sieben Hauptsünden nennen, die sechs Sünden wider den Heiligen Geist und die vier himmelschreienden Sünden und waren erst noch über sogenannte fremde Sünden im Bild, d.h. über jene Sünden, die wir bei anderen irgendwie mitverursachen.

Himmelschreiende Sünden
Um all das geht es mir jetzt eigentlich nicht, obwohl wir über den damaligen Religionsunterricht und den alten Katechismus nicht vorschnell die Nase rümpfen sollten. Irgendwie wurden wir durch all die genannten Unterscheidungen doch dazu angehalten, ein Gespür zu bekommen für die Wichtigkeit unserer Verantwortung und für das Unrecht, das wir andern antun. Bedenklich ist nicht, daß wir all das einmal gelernt haben; bedenklich ist, daß wir so vieles wieder vergessen haben. Zugegeben, für manches waren wir damals zu jung, um es zu verstehen; manches haben wir aber nicht nur vergessen, manches haben wir auch auf grandiose Art zu verdrängen verstanden. Ein Beispiel. Zu den sogenannten himmelschreienden Sünden zählte man damals u.a. auch diese: Ausbeutung der Arbeitenden oder Vorenthaltung des gerechten Lohnes. Gewiß, als Kinder hatten wir nicht gerade häufig die Gelegenheit, die Arbeitenden auszubeuten oder ihnen den gerechten Lohn vorzuenthalten. Immerhin haben wir es aber so gelernt. Später, als es dann aktuell wurde, kam es anders. Man sagte sich: Was ein gerechter Lohn ist, haben nicht der Pfarrer oder die Kirche zu entscheiden, sondern die Gewerkschaften und die Arbeitgeber im Rahmen vielleicht eines Gesamtarbeitsvertrages. Der gerechte Lohn ist eine Frage der Politik und der Wirtschaft, nicht eine Frage

der Theologie und der Ethik. Die in diesen Belangen das Sagen haben, sind die Wirtschafsverbände und die von ihnen umworbenen Politiker; wir können da nichts machen.

Beim Namen nennen
Gewiß habe ich jetzt nicht die Absicht, Sie mit den verschiedenen Unterscheidungen zwischen schweren und läßlichen Sünden bekannt zu machen oder Sie an die sieben Hauptsünden oder an die vier himmelschreienden Sünden zu erinnern. Es geht mir auch nicht darum, das Wort «Sünde» vom Staub der Jahrhunderte zu befreien oder es gar wieder salonfähig zu machen. Angeregt durch ein Wort aus der Schrift geht es mir darum, einmal die komplizierten Entschuldigungsmechanismen aufzudecken, von denen wir uns gängeln lassen, sobald von Sünden und Verbrechen und Fehlern die Rede ist, von Krieg und Hunger und Vergewaltigung, von Waldsterben, Steuerhinterziehung und Versicherungsbetrug, von Verleumdung, Ehebruch und Rufmord, von Apartheid, Dritt-Welt-Verschuldung und Kolonialismus.

Übrigens haben Sie eben bemerkt, daß man das Kind «Sünde» viel konkreter beim Namen nennen kann, als wir es für gewöhnlich tun. Und in der Tat: ein so allgemeines Wort wie Sünde ist in der Bibel kaum zu finden. Da ist man viel direkter und handgreiflicher. Da spricht man von Gewalttat und Verfehlung, von Ungerechtigkeit und Götzendienst, von Treulosigkeit und Rebellion, von Ungehorsam und Hartherzigkeit, um nur einige wenige dieser Ausdrücke zu nennen. Das Wort «Ehebruch» kommt auch vor, wobei dieser Ausdruck eine noch viel weittragendere Bedeutung hatte: Menschen, die sich selbst an die Stelle Gottes setzen, Leute, für die das Wirtschaftswachstum, der Profit und die Karriere an erster Stelle stehen, gab es schon damals. Ehebrecher nannte man sie und Götzendiener; und wohin Ehebruch und Götzendienst führen, war sattsam bekannt. Menschen, die den Besitz, den Fortschritt, das Ansehen zum Gott machen, d.h. zu dem, «worauf das Herz gänzlich traut» (M. Luther), werden früher oder später derart rücksichtslos und gewalttätig mit ihren Mitmenschen und ihrer Umwelt umgehen, daß der Tod die unausweichliche Folge davon sein wird.

Entschuldigungstheater
Aber noch einmal: nicht diese Zusammenhänge sind es, die ich aufzeigen will. Zu bedenken geben möchte ich vielmehr das phänomenale Entschuldigungstheater, dem wir uns anheimgeben, sobald von diesen Dingen die Rede ist. Ich möchte das erklären.

Wenn beispielsweise vom Krieg die Rede ist – und allen Menschen dürfte es doch einleuchtend sein, daß Krieg den Tod bringt –, dann ist es selten so, daß wir alle friedenstiftenden Elemente in uns und um uns herum mobilisieren. Vielmehr fangen wir an, uns zu entschuldigen. Die Großen sind es, die Kriege führen, nicht wir; wir würden schon im Frieden leben. Daß wir unsere Freiheit und Unabhängigkeit verteidigen, wird uns wohl niemand verdenken, wenn er etwas von Neutralität versteht usw. usf. Das Thema Krieg lassen wir nie an uns herankommen, nicht an unser Gewissen oder an unser Herz, geschweige denn an unsere Innen- und Sicherheitspolitik, wo wir weiterfahren, Waffen herzustellen und gar zu exportieren, wo wir weiterfahren, enorme Summen für unsere Rüstung auszugeben, und wo wir es nicht zulassen, daß die diesbezüglichen Kostenvoranschläge dem Referendum unterworfen werden.

Ein anderes Thema ist der Hunger. Auch ein Übel, das jährlich zu Tausenden von Toden führt. Gewiß, vor ein paar hundert Jahren hätte man eine Hungersnot in der Sahel-Zone noch zu den Naturkatastrophen zählen können, wenn man davon überhaupt gehört hätte. Heute geht das nicht mehr. Heute wissen wir: Hunger ist keine Naturgegebenheit und erst recht nicht gottgewollt. Hunger ist die Folge einer egoistischen Wirtschaftspolitik, eine Folge der schlechten Verteilung der Güter. Hunger ist Ungerechtigkeit. Und kaum fällt dieses Wort, geht das Entschuldigungstheater wieder los: Was kann ich denn dafür? Nützt es dem Hungernden in der Sahel-Zone etwas, wenn ich mir mein Brot vom Munde abspare? Ganz abgesehen davon, daß die Dinge viel komplizierter sind, als man es so aus dem Ärmel schüttelnd darlegt, gibt es doch auch Sachzwänge, die wir ganz einfach nicht übersehen und gegen die wir auch nichts unternehmen können.

Die Entschuldigungsmechanismen können in uns und bei uns so raffiniert funktionieren, daß wir uns dessen gar nicht mehr inne werden. Im Gegenteil. Wir können Sünde und Schuld derart fein verdrängen, daß wir uns dabei nachgerade als moralische Helden vorkommen können. Wie das geschieht? Zum Beispiel dadurch, daß ich sehr eindringlich und selbstanklagend von meinen kleinen Unarten berichte, um so besser über meine groben Fehler und Sünden hinwegzutäuschen. So kann ich sehr weitschweifend und ausführlich darlegen, wie ich es einfach nicht schaffe, die Pflanzen jeweils rechtzeitig zu tränken, und ich kann darob ein riesiges Lamento anstimmen über meine verbrecherische Rücksichtslosigkeit gegenüber den Pflanzen, die doch lebende Wesen und Geschöpfe Gottes seien, und ich kann mich dabei derart selbstzerfleischend über mich selbst empören, daß meine Zuhörerinnen und Zuhörer geradezu entzückt sind über die Sensibilität meines zarten Gewissens und mir anfangen zuzureden, doch ein bißchen nachsichtiger mit mir selbst zu sein. Dabei sollen weder ich noch meine Mitmenschen etwas davon erfahren, daß ich nicht nur zu Hause, sondern auch im Betrieb meinen Mitarbeiterinnen und Mitarbeitern gegenüber ein richtiger Tyrann bin, daß ich bei jeder passenden und unpassenden Gelegenheit über die Asylanten herfahre und daß ich es als völlig normal betrachte, wenn in Schweizer Banken schmutziges Geld gewaschen wird.

Ich selbst bin gemeint
Dieses letzte Beispiel erinnert mich an ein Wort, das Jesus nach dem Zeugnis des Matthäusevangeliums seinen Zuhörern entgegengehalten hat:

> Weh euch Gesetzeslehrern und Pharisäern! Ihr Scheinheiligen! Ihr gebt Gott den zehnten Teil von allem, sogar von Gewürzen wie Minze, Anis und Kümmel, aber um die entscheidenden Forderungen des Gesetzes – Gerechtigkeit, Barmherzigkeit und Treue – kümmert ihr euch nicht.
> (Mt 23,23)

Überhaupt habe ich den Eindruck, daß Jesus auch gerade in diesem Punkte sehr kompromißlos war und daß er es nicht zuließ, daß Menschen sich aus ihrer Verantwortung stehlen, die Schuld anderen zuschieben oder sich schnell, schnell lossprechen. Das Markusevangelium überliefert uns ein Wort, das auf eine, man könnte fast sagen, radikale Weise den Menschen als Sünder entlarvt.

> Nicht, was von außen in den Menschen hineinkommt, kann ihn unrein machen, sondern was aus dem Menschen herauskommt, das macht ihn unrein.
> (Mk 7,15)

In diesem Wort geschieht etwas Sonderbares. Es ist wie ein Zugriff Gottes auf das Herz des Menschen. Bitte, keine Schuldzuweisungen. Bitte, keine Ausflüchte. Hör auf mit dem Entschuldigungstheater. Suche keine Sündenböcke. Du selbst bist im Spiel. Dein Herz. Die Mitte Deiner selbst. Du bist dran und kein anderer und keine andere. Du bist dran und nichts sonst.

Und ein paar Verse später heißt es im Markusevangelium:

> Denn aus dem Menschen selbst, aus seinem Herzen, kommen die bösen Gedanken, kommen Unzucht, Diebstahl, Mord,

Ehebruch, Habsucht und andere schlimme Dinge wie Betrug, Lüsternheit, Neid, Verleumdung, Überheblichkeit und Unvernunft. All das kommt aus dem Inneren des Menschen und macht ihn unrein.
(Mk 7,21-23)

Die Wahrheit wird uns frei machen
Diesen etwas strengen Zug in Jesu Auftreten, den man auch noch mit anderen Beispielen illustrieren könnte, sollten wir jetzt nicht vorschnell wieder wegretouchieren und sagen: Aber Jesus hat doch die Barmherzigkeit Gottes verkündet und gelebt. Gewiß hat er das. Aber offensichtlich kann diese Barmherzigkeit Gottes nur dort ankommen, wo Menschen sich ihre Schuld eingestehen und nicht immer krampfhaft versuchen, sich zu entschuldigen und mit weißer Weste dazustehen. Die Barmherzigkeit Gottes und auch die Barmherzigkeit, die wir einander widerfahren lassen, wird nur dann ankommen, wenn wir mit ihr auch die Wahrheit über uns selbst und über unser eigentliches Menschsein entgegennehmen: daß wir Sünder und Sünderinnen sind. Nicht nur so allgemein, wie es in einem albernen Trinklied heißt:

> Wir sind ja alle deine Kinderlein,
> rettungslos versoff'ne Sünderlein...

So nicht. Wo Menschen durch unser Unrecht, durch unsere Gnadenlosigkeit und Trägheit zugrunde gehen, hören solche Späße auf. Die Wahrheit unseres Sünderseins ist sehr konkret, wie es im angeführten Evangelium heißt: Aus unserem Herzen kommen Unzucht, Diebstahl, Mord, Ehebruch, Habsucht; aus uns selber kommen Betrug, Lüsternheit, Neid, Verleumdung, Überheblichkeit und Unvernunft. Und auch das wiederum nicht nur so plakativ und formelhaft, sondern so, daß ich ganz selbst damit gemeint bin, mein Tun und Lassen, meine mörderische Rücksichtslosigkeit, meine Überheblichkeit, mein

Neid und meine Gier. Ganz ich, ohne Ausflüchte, ohne billige Entschuldigungen, nackt in meiner nicht entschuldbaren, nicht abtretbaren Sündigkeit. Das ist die Wahrheit vom Menschen, das ist meine Wahrheit, wie sie das Evangelium verkündet. Eine harte Wahrheit, die Jesus hier aufdeckt. Es ist freilich nicht eine Wahrheit, die uns wieder in Schuldkomplexe hineinmanövrieren will; das wäre ja gar keine Wahrheit. Nein, es ist eine Wahrheit, von der ich überzeugt bin, daß auch sie frei macht. Frei macht von Augenwischerei, frei macht von Illusionen, frei macht von meiner Lebenslüge, aber auch frei macht, Verzeihung zu erfahren und Verzeihung zu schenken. Nicht Entschuldigungen werden uns weiterhelfen, sondern nur jene Wahrheit, die uns dazu befähigt, uns selber illusionslos anzunehmen und gnädiger miteinander umzugehen.

Sünde macht kaputt
Darf ich bei diesem Evangelium noch einen Augenblick verweilen? «Unrein» scheint – wenigstens in unserer Sprache – ein recht harmloser Ausdruck zu sein, wenn wir bedenken, was damit gemeint war: «Unrein» bedeutete damals ungefähr so viel wie lebensunfähig, gesellschaftsunfähig, verbogen, halbbatzig, daneben. All die «Sünden», die da aufgezählt werden, wie böse Gedanken, Unzüchtigkeiten, Diebstähle, Morde, Ehebrüche usw. sind nicht Kavaliersdelikte oder kleine Ungereimtheiten. Sie zeugen vielmehr von der Verengung und Verkrampfung des Menschen, von seiner Verbogenheit und Untauglichkeit. Sünde kommt von einem kaputten Menschen und macht den Menschen und seine Umwelt kaputt. Es ist ein Teufelskreis, ein Todeskreis. Das Wort «kaputt» ist gewiß kein schönes Wort, aber es kommt dem, was die Bibel unter Sünde versteht, recht nahe. Wer sündigt, ver-fehlt das Ziel, sein eigenes Ziel und das, wofür er auf der Welt ist. Darum steht der vielgepriesenen, aber auch notwendigen Selbstverwirklichung des Menschen nichts so sehr im

Wege wie die Sünde. Die Sünde – hinter ihr steht auch so etwas wie Gier – verbietet mir meine Ganzheit, meine Verwirklichung, meinen Lebenssinn, verbietet auch die Ganzheit, die Verwirklichung, den Lebenssinn der Mitmenschen. Ein leichtes, die Ausdrücke durchzugehen, um sich das deutlich zu machen. Böse Gedanken fixieren mich und engen mich ein; mich, aber auch die andern. Unzüchtigkeiten verabsolutieren meine Triebhaftigkeit und benützen Mitmenschen als Objekte. Diebstähle korrumpieren mich selbst und gehen ans Leben der Geschädigten. Morde löschen nicht nur fremdes, sondern eigenes Leben aus. Ehebrüche zerstören Beziehungen. Habsüchtigkeiten kreisen allein um das eigene Ich, das nur aus Haben besteht, und entziehen der Welt und den Mitmenschen die Lebensgrundlage. Sünde beeinträchtigt das Leben und die Sinngebung von Mensch und Umwelt. Das heißt doch: Sünde macht den Menschen und die Umwelt kaputt. Darum ist Sünde auch alles andere als Privatsache. Machen wir uns doch nichts vor! Die Sünde ist doch uns und unserer Umwelt anzusehen: die Kriege, die Rüstungspotentiale, die abgeholzten Tropenwälder, die Zuckerpreise, die Verkehrstoten, der Smog in unseren Städten, das Ozonloch, die Arbeitslosen, die Asylanten, die Abgewiesenen, die Hungernden und Ausgebeuteten – du meine Güte, wie lange muß ich noch aufzählen?! Da braucht man gar nicht so viel Theologie und Psychologie zu treiben. Da spielt es auch keine große Rolle, was für Ausdrücke wir gebrauchen. Unsere Hinterhältigkeit, unsere Habsucht, unsere Überheblichkeit, kurz: unsere Sünden machen uns selbst und unsere Mitmenschen und unsere Umwelt kaputt. Und die Frage ist doch berechtigt: Wer repariert denn das alles?

Bitte an den schöpferischen Gott
Noch ein anderer Ausdruck dürfte von Interesse sein. Im Zusammenhang mit unseren Sünden sprechen wir auch

von Schuld oder – wie der Evangelist Matthäus in seiner Überlieferung des Vaterunsers – von Schulden. Das ist eben das, was wir schuldig bleiben. Und das, was wir schuldig bleiben, ist nicht irgendwo in einem geheimen Buch im Himmel von einem Buchhalter-Gott aufgeschrieben. Was wir schuldig bleiben, bleiben wir uns schuldig: unserer Selbstverwirklichung; bleiben wir den Mitmenschen schuldig: ihrer Freiheit; bleiben wir der Umwelt schuldig: ihrer Entfaltung. Und noch einmal: diese Schulden sind ablesbar – an uns und unserem pervertierten Denken und Handeln, an unseren Mitmenschen und an ihrer Versklavung, an unserer Umwelt und ihrer Unterdrückung und Verschandelung. Unsere Schulden sind sichtbar geworden, und sie sind nicht zu übersehen. Aber noch einmal frage ich: Wer vergibt uns denn diese Schulden? Wer repariert denn all das, was zum Teil gar nicht zu reparieren ist? Oder meinen wir wirklich, wir könnten Tote wieder zum Leben erwecken, wir könnten zugefügtes Leid aus der Welt schaffen, wir könnten die Tropenwälder von heute auf morgen wieder aufforsten, wir könnten die Striemen im Antlitz unserer Erde wegoperieren?

«Vergib uns unsere Schulden», so lehrte Jesus seine Jüngerinnen und Jünger beten. Er war der Überzeugung, daß das, was wir leichthin «Sünde» nennen, derart an die Substanz des Menschen und an das Wesen der Schöpfung geht, daß der Schaden, den Mensch und Umwelt durch die Sünde nehmen, nur von Gott, dem Schöpfer, behoben werden kann. Sündenvergebung ist für Jesus ein schöpferisches Geschehen, und schöpferisch im eigentlichen und letzten Sinn des Wortes ist nur Gott allein.

Mit der Bitte «Vergib uns unsere Schulden» richtet sich der sündige, der kaputte und damit auch der verzweifelte Mensch an den Schöpfer selbst, der die Welt doch wunderbar erschaffen hat. Und in seiner Ausweglosigkeit traut der Mensch diesem Schöpfergott zu, die Welt noch wunderbarer zu erneuern.

Vergebung als schöpferisches Tun
Allerdings würde das bedeuten, daß der Mensch, der Gott um diese schöpferische Erneuerung bittet, Gott für sein schöpferisches Tun auch Hand bietet, d.h. sich hineinnehmen läßt in dieses schöpferische Geschehen und selbst zum Mitschöpfer, zur Mitschöpferin wird.

Die Bitte um Vergebung der Schulden ist nur eine Seite der Medaille. Im Vaterunser beten wir: «Vergib uns unsere Schuld, wie auch wir vergeben unsern Schuldigern.» Der Evangelist Matthäus geht in seiner Art, die Bitte zu formulieren, noch weiter: «Vergib uns unsere Schulden, wie auch wir vergeben haben unseren Schuldigern.» Und auf diese sehr bemerkenswert formulierte Bitte geht dann auch der einzige Kommentar ein, den Matthäus dem Vaterunser hinzufügt:

> Wenn ihr nämlich den Menschen ihre Verfehlungen vergebt, wird auch euch euer himmlischer Vater vergeben. Wenn ihr aber den Menschen nicht vergebt, so wird euer Vater auch eure Verfehlungen nicht vergeben.
> (Mt 6,14-15)

Verfehlungen vergeben, Sünden vergeben – wie geschieht das eigentlich? Lassen Sie mich etwas ausholen und an eine Erzählung erinnern, die uns schon lange vertraut ist. Als Jesus einmal predigte, brachte man einen Gelähmten zu ihm. Das war zwar nicht so leicht zu bewerkstelligen, weil die vielen Leute, die Jesus zuhörten, den Weg zu ihm versperrten. Aber die schlauen Freunde des Gelähmten stiegen mit diesem aufs Dach, deckten es kurzerhand ab und ließen den Kranken an Seilen herunter, so daß er unmittelbar vor Jesus zu liegen kam. Die erste Reaktion Jesu war die: «Deine Sünden sind dir vergeben» (Mk 2,1-12).

Ich denke nicht, daß Jesus so gesprochen hat. Normalerweise sprach er viel konkreter und anschaulicher. Ich denke viel mehr, daß die Gemeinde oder einer ihrer Theologen das ganze Verhalten Jesu gegenüber den Menschen in diese etwas abstrakte, aber doch sehr gute Formel bringen wollte. Hinter dieser Formel, so vermute ich, verbirgt sich ein umfassendes, lebendiges, vielfältiges Tun.

Die Reaktion der dabeistehenden Schriftgelehrten war übrigens völlig richtig: «Er lästert!» sagten sie. Sie wußten und glaubten, daß niemand Sünden vergeben kann außer Gott allein. Wie wir vorher gesehen haben, teilt auch Jesus diese Überzeugung. Sünde ist etwas so Verheerendes, etwas so Vernichtendes, etwas so Zerstörerisches – für den Sünder wie auch für seine Umwelt –, daß der Schöpfer selber auf den Plan treten muß, um den Schaden wieder gut zu machen. Nur schöpferisches Wirken kann die Sünden vergeben und kann das daraus entstandene Unheil wieder gut machen. Und eigentlich schöpferisch ist nur Gott allein.

Meiner Meinung nach steht darum auch hinter dem Ruf Jesu «Deine Sünden sind dir vergeben» ein kreatives, ein schöpferisches Geschehen. Der beste Beweis dafür ist dieser: Jesus spricht dem Gelähmten nicht nur Sündenvergebung zu, er heilt ihn auch. Er läßt ihn aufstehen. Und meinen wir ja nicht, beides hätte miteinander nichts zu tun. Besser wäre es, genau hinzusehen, wie Jesus auch sonst mit Sündern umgegangen ist. Es ist so wie mit zwei Menschen, die einander gern haben. Sie begnügen sich ja auch nicht damit, einander ab und zu zu sagen: «Ich hab dich gern.» Dieses Wort will doch eine Vielfalt von Äußerungen und Tätigkeiten zusammenfassen – von den intimsten Zärtlichkeiten über gemeinsames Arbeiten und Nachdenken bis zum handfesten Familienkrach. So war es auch mit Jesus. Er begnügte sich nicht damit, den Leuten einfach zu sagen: Deine Sünden sind dir vergeben, sondern... ja eben, nun hieße es, wieder mal hinzusehen, wie denn Jesus den Leuten begegnet und wie er mit ihnen umgegangen ist:

– Die Schwiegermutter des Petrus nimmt er bei der Hand (Mk 1,29-31).

- Er berührt den Aussätzigen (Mk 1,40-45).
- Von der Sünderin läßt er sich die Füße waschen (Lk 7,36-50).
- Er ißt und trinkt bei Zöllnern und Sündern und liegt zu Tisch beim Pharisäer Simon (Mk 2,13-17; Lk 7,36-50).
- Er diskutiert mit der Frau am Jakobsbrunnen (Joh 4).
- Den Mann mit der gelähmten Hand stellt er in die Mitte des Synagogengottesdienstes und riskiert dabei die Gegnerschaft der Theologen (Mk 3,1-6).
- Mit Jairus, dem Vater des verstorbenen Töchterchens, macht er sich auf den Weg (Mk 5,21-24).
- Die gekrümmte Frau richtet er wieder auf (Lk 13,10-17).
- Die müden Leute, die ihm nachgefolgt sind und ihm zugehört haben, läßt er lagern und gibt ihnen zu essen (Mk 6,30-44).
- Den Oberzollinspektor Zachäus spricht er auf offener Straße an und läßt sich von ihm einladen (Lk 19,1-10).
- Dem reichen Mann mutet er zu, alles zu verlassen und ihm nachzufolgen (Mk 10,17-22).

Berühren, an der Hand nehmen, aufrichten, mitgehen, bleiben, sich einladen lassen, essen und trinken, jemandem etwas zumuten, Vertrauen schenken – das alles und noch viel mehr verbirgt sich hinter dem, was wir etwas abstrakt und farblos in das Wort fassen: Sünden vergeben.

Verzeihen = Leben anbieten
Aber jetzt müssen wir erst noch einen Schritt weitergehen, wie auch Jesus einen Schritt weitergegangen ist. Gewiß, er hat die Auffassung der damaligen Theologen geteilt: Gott allein kann Sünden vergeben. Aber er ist darüber hinausgegangen: Auch der Menschensohn kann Sünden vergeben. Und wahrscheinlich hat er dabei nicht nur an sich selber gedacht, sondern auch an diejenigen, die ihm nachfolgen. So auf alle Fälle haben es seine Jüngerinnen und Jünger verstanden. Am deutlichsten zeigt sich das in der

Art und Weise, wie der Evangelist Matthäus die Geschichte von der Heilung des Gelähmten erzählt. Hier heißt es nämlich am Schluß, die Volksscharen hätten sich gefürchtet und Gott gepriesen, weil er den Menschen solche Vollmacht gegeben habe (Mt 9,8). Dabei bezieht sich diese Aussage nicht nur auf das Wunder, und sie bezieht sich nicht nur auf den Menschen Jesus. Nein: den Menschen ist eine solche Vollmacht, nämlich die Vollmacht Sünden zu vergeben, anvertraut worden. Das ist der Grund, weswegen die Volksscharen in Furcht geraten und anfangen, Gott zu preisen. Menschen sind beauftragt und bevollmächtigt, einander Sünden zu vergeben. Ist diese Deutung richtig, will das doch heißen, daß den Menschen ein völlig neuer, eben ein kreativer Umgang miteinander zugemutet wird. Wenn Menschen einander Sünden vergeben, ist das nicht ein Verwaltungsakt oder irgendeine Formel, die man dem andern zuspricht. Hier müßte all das Lebendige, Faszinierende, Menschliche und Glückhafte zum Tragen kommen, und dann würden wir zweierlei sehen: erstens, daß Sündenvergebung viel mehr bedeutet, als wir meinen, und zweitens, daß Sündenvergebung, dieser Auftrag, der so theologisch und abstrakt klingt, im Grunde genommen in einem ungeheuer einfachen Tun besteht: berühren, an der Hand nehmen, aufrichten, mitgehen, bleiben, sich einladen lassen, essen und trinken, jemandem etwas zumuten, Vertrauen schenken, miteinander reden, Vorurteile abbauen... Und wer wollte leugnen, daß wir mit einem solchen Tun die Welt erneuern könnten. Wenn bei uns die Beichte abhanden gekommen ist, wenn mehr und mehr auch die Bußfeiern in Mißkredit geraten, dann wahrscheinlich deswegen, weil dabei das schöpferische Leben zu wenig zum Tragen kommt. Leben besagt doch immer auch Gemeinsamkeit, essen und trinken, reden miteinander, aufeinander zugehen, Vertrauen schenken usw. Leben bedeutet Gemeinschaft, Leibhaftigkeit, Fest.

Ich muß aber noch einmal auf ein ernstes Anliegen zurückkommen: auf die Vollmacht, Sünden zu vergeben. Erstens: wir dürfen diese Vollmacht nicht einschränken auf die Apostel und ihre sogenannten Nachfolger, die Bischöfe und Priester. Die ganze Gemeinde muß der Ort sein, an dem Sündenvergebung geschehen soll. Und zweitens: diese Vollmacht ist nicht unserem Belieben anheimgestellt. Nach dem Johannesevangelium haucht der Auferstandene seine Jüngerinnen und Jünger an, er haucht ihnen gewissermaßen neues Leben ein und sagt ihnen: «Empfangt Heiligen Geist.» Und er fährt fort: «Welchen ihr die Sünden nachlaßt, denen sind sie nachgelassen, und welchen ihr sie behaltet, denen sind sie behalten» (Joh 20,22-23). Das ist nicht nur Vollmachtsübertragung. Das könnte doch auch eine deutliche Mahnung sein: «Wenn ihr vergebt, vergebe auch ich, aber wenn ihr nicht vergebt, vergebe auch ich nicht.» Auf Gedeih und Verderb sind so die Menschen einander ausgeliefert. «Wenn ihr einander verzeiht, kommt auch mein Verzeihen zum Zuge. Wenn ihr einander nicht verzeiht, dann kommt mein Verzeihen eben nicht zum Zuge.» Überspitzt könnte man sagen: Gott hat kein anderes Verzeihen zur Verfügung als dasjenige, das wir einander schenken.

Der Phantasie und der Kreativität sind keine Grenzen gesetzt
In Diskussionen an Wochenenden und Tagungen ist mir aufgefallen, daß diese Sicht der Dinge bei meinen Gesprächspartnerinnen und Gesprächspartnern nur wenig Anklang findet: «Wenn mein Nachbar, dem ich Unrecht getan habe und den ich inständig um Verzeihung bitte, mir nicht vergibt, dann vergibt auch Gott nicht? Ist das nicht schrecklich? Was soll ich denn tun? Muß ich unversöhnt weiterleben und unversöhnt sterben? So etwas darf es doch nicht geben!»

Der Einwand wiegt schwer, und er geht ans Lebendige.

Und doch lasse ich mich nicht so schnell beirren. Wie ist es denn mit den Hungernden in der Sahelzone? Sorgt sich etwa Gott um sie, wenn wir uns nicht um sie kümmern? Gibt ihnen etwa Gott zu essen, wenn wir ihnen nicht zu essen geben? Stellen wir die Frage doch einmal an all die Millionen, die Hungers gestorben sind und die jetzt vom Hunger weggerafft werden! «Welchen ihr zu essen gebt, gebe auch ich zu essen. Welche ihr Hungers sterben läßt, lasse auch ich Hungers sterben.» – «Aber das ist doch etwas ganz anderes» – so höre ich schon wieder den Einwand. Gewiß ist es nicht das gleiche; der Hunger trifft ja nicht uns. Aber ans Lebendige geht der Hunger mindestens ebensosehr wie die Unversöhnlichkeit. Und wo es um Leben und Tod geht, vermag ich nur schwer einen Unterschied zu sehen.

Nun will ich weder Sie noch die Theologie und die Exegese mit meiner Interpretation behaften. Sicher ist, daß Sündenvergebung etwas mit Lebenspenden zu tun hat. Der Kreativität und der Phantasie sind hier keine Grenzen gesetzt.

Auf der anderen Seite müssen wir uns aber nicht nur fragen, wie wir mit der Schuld der Mitmenschen umgehen; wir müssen uns auch fragen, wie wir mit der eigenen Schuld umgehen, und vor allem, wie wir mit denen umgehen, an denen wir schuldig geworden sind. Gerade weil die Sünde so viel kaputt macht, die Substanz des Menschen und das Wesen der Schöpfung berührt, genügt es nicht, ein oberflächliches «Entschuldige!» hinzuwerfen und «alles einzuschließen»; es genügt dann auch nicht, eine Bußfeier abzusitzen oder abzustehen. Dem Tod habe ich das Leben in all seiner Vielfalt und Wucht entgegenzustellen, dem Krieg den Frieden mit all seinem Tun und all seinem Dulden. Wenn ich vorher vom Schaden gesprochen habe, den wir einander und der Umwelt durch unsere Sünde zufügen, und etwas heftig die Frage gestellt habe: «Wer repariert denn das alles?» – dann können wir uns jetzt um die Antwort nicht mehr herumdrücken: Wir selber sind in Pflicht genommen. Unsere Schuld wird so lange nicht vergeben, als wir nicht bereit sind, uns auf den Weg der Umkehr und des Lebens zu machen. Das wäre ja schön: durch einen Rufmord einen Mitmenschen unmöglich machen und dann meinen, in einer Beichte oder durch das Absitzen einer Bußfeier Verzeihung erlangen zu können! Das wäre ja schön: durch unseren unkontrollierten Gebrauch der Technik die Umwelt zerstören und dann meinen, sie durch ein «Herr, erbarme dich» wieder ins Lot bringen zu können! Der Zynismus, der hier und dort in unseren Gebeten, Bußfeiern, Beichten und Absolutionen zum Ausdruck kommt, ist kaum noch zu überbieten.

Beten wir das Vaterunser mit beiden Füßen auf dem Boden. «Vergib uns unsere Schuld» ist kein bequemes Sich-weg-Stehlen aus der Verantwortung. Wer um Vergebung der Schuld bittet, bietet zugleich Hand, den Schaden wieder gut zu machen, bietet Hand, Mitschöpferin und Mitschöpfer zu werden. «Wie auch wir vergeben unseren Schuldigern» – ist kein Luxus, den wir uns erst noch nur im Inneren unseres Herzens leisten. Wenn ich das Verzeihen, das ich aufzubieten gewillt bin, in die Waagschale werfe, damit Gott daran sein Verzeihen mißt, das er mir zukommen lassen will, dann komme ich nicht darum herum, meine ganze Existenz mit allem, was ich habe, in den Dienst des Lebens zu stellen, nicht nur des eigenen Lebens, sondern auch des fremden Lebens, des Lebens der unterdrückten Schwarzen und der unterdrückten Frauen, aber auch des Lebens der unterdrückten Tiere und Pflanzen.

«Vergib uns unsere Schuld, wie auch wir vergeben unsern Schuldigern.» Kaum eine andere Bitte spricht dem Menschen so viel Leben zu. Und kaum eine andere Bitte verlangt vom Menschen so viel Kreativität.

Gebet
Gott,
wir sind Meister im Verdrängen und Verharmlosen.
Wir wissen nicht mehr, was Sünde ist,
weil wir es nicht wissen wollen.
Unsere Bemühungen verlaufen im Sand,
entstellen uns und führen zum Tod.

Reiß uns die Masken von unseren Gesichtern,
damit wir uns selbst und einander sehen, wie wir sind.
Reiß unsere weißen Westen von unsern Leibern;
sie sind ja doch nicht weiß, sondern blutbefleckt.
Sieh unsere Nacktheit an, und erbarme dich über uns.

Laß uns einander Zeit und viel freien Raum schaffen,
damit wir niemals Schuld verniedlichen,
aber auch niemanden an seiner Schuld festnageln.

Laß uns rettend einander die Hand entgegenstrecken,
weil du seit jeher Retter bist.
Laß uns heilend einander begegnen,
weil du seit jeher Heiland bist.
Laß uns tröstend miteinander gehen,
weil du seit jeher Trösterin bist.

Gib uns einen langen Atem, deinen heiligen Geist.
Schaff uns neu,
damit wir dich in allen Dingen suchen
und an einer Gesellschaft bauen,
die deinen Verheißungen entspricht.

So werden wir ein neues Lied dir singen...

Und führe uns nicht in Versuchung, sondern erlöse uns von dem Bösen

Der Aufstand der Machtlosen

Die Macht der Versuchung
Die Frage wird oft gestellt, was es denn mit der letzten Vaterunser-Bitte auf sich habe. Es ist doch nicht Gott, der versucht. Wenn schon jemand versucht, dann ist es der Teufel. Und da man vom Teufel nicht so gern spricht, weil auch namhafte Theologen ihn verabschiedet haben, denkt man besser an das eigene böse Herz, an die eigene böse Begierlichkeit. Sie ist es, die versucht.

Das ist keine schlechte Überlegung, und wer so denkt, hat erst noch den Vorteil, den Jakobusbrief hinter sich zu haben. Dort heißt es:

> Wenn ein Mensch in Versuchung geführt wird, darf er nicht sagen: «Gott hat mich in Versuchung geführt.» Gott kann nicht zum Bösen verführt werden, und er selbst verführt keinen. Es sind die eigenen Wünsche, die den Menschen ködern und fangen. Wenn einer ihnen nachgibt, wird sein Begehren gleichsam schwanger und gebiert die Sünde. Und wenn die Sünde sich auswächst, führt sie zum Tod.
> (Jak 1,13-15)

Wenn uns diese Sprache auch nicht sehr behagt, können wir uns doch mit dieser Sicht der Dinge eher anfreunden.

Nicht Gott ist es, der versucht; es sind die eigenen Wünsche, die den Menschen ködern und fangen.

Vielleicht sollte man die Formulierung der Vaterunser-Bitte entsprechend ändern. Vielleicht aber auch nicht. Jede Zeit soll sich bewußt sein, daß Jesus das Vaterunser Leuten vorgesprochen hat, die bezüglich Gott und Welt anders dachten und redeten als die folgenden Generationen. Daher kommt es ja auch, daß jede Zeit und jede Generation sich von neuem um das Verständnis des Vaterunsers bemühen muß, so wie auch wir es tun.

Der Vaterunser-Bitte liegt eine räumliche Vorstellung zugrunde: Der Vater wird gebeten, uns nicht an den Ort und damit auch nicht in die Situation der Versuchung zu führen. Nicht Gott ist es, der versucht; nicht Gott ist es, von dem die Versuchung und die Verlockung der Sünde ausgehen. Aber in einer Vorstellungswelt, nach der Gott für alles, was uns zustößt, verantwortlich gemacht wurde, konnte man sagen, Gott führe heran oder hinein in die gefährliche Versuchungssituation, in der das Böse sich auswirken kann.

Ich möchte Sie an ein jüdisches Abendgebet erinnern, das mit einiger Wahrscheinlichkeit auch Jesus gekannt und gesprochen hat. Es lautet so:

> Leite meinen Fuß nicht in die Gewalt der Sünde,
> und bring mich nicht in die Gewalt der Schuld
> und nicht in die Gewalt der Versuchung
> und nicht in die Gewalt der Verachtung.
> (Babylonischer Talmud)

«Sünde», «Schuld», «Versuchung» und «Verachtung» sind hier durch ihr Nebeneinander in einen ähnlichen Bedeutungszusammenhang gebracht. Zudem fällt auf, daß Sünde, Schuld und Versuchung wie verselbständigt, ja geradezu personifiziert werden; ihnen wird Macht und Gewalt zugesprochen. Ähnlich ist es mit der letzten Vaterunser-Bitte: «Führe uns nicht in Versuchung, sondern erlöse uns von dem Bösen.» Die Versuchung ist das Böse, und wie das Böse hat die Versuchung Macht über uns. Die Versuchung ist es, die den Menschen versucht, nicht Gott. Die Menschen bitten Gott, daß er sie der Sünde, der Schuld, der Versuchung, dem Bösen nicht anheimfallen lasse, daß er nicht erlaube, daß die Sünde bzw. die Versuchung Macht ausübe über Menschen. In diesem Sinne könnte die letzte Vaterunser-Bitte verstanden werden: Laß uns nicht der Versuchung anheimfallen. Laß nicht zu, daß die Versuchung über uns Macht gewinnt.

Die letzte Versuchung
Jetzt aber wird die Frage immer dringlicher, was denn mit dieser Versuchung gemeint sei. Die Tatsache, daß die Bitte um Bewahrung vor der Versuchung am Schluß des Vaterunsers steht, gibt dieser Bitte besonderes Gewicht. Und die Art und Weise, wie diese Bitte formuliert wird, läßt das Gefährliche erahnen. «Führe uns nicht in Versuchung» beten Leute, die überzeugt sind, daß sie überhaupt keine Chance haben, in dieser Versuchung zu bestehen, wenn sie einmal hineingeraten sind. Und daß sie keine Möglichkeit sehen, sich selbst vor der Versuchung zu bewahren; denn sie bitten ja Gott um Bewahrung. Was hat es mit dieser Versuchung auf sich und worin besteht das Gefährliche an ihr?

«Die letzte Versuchung» heißt der Titel eines Romans von N. Kazantzakis. Der Film, der daraus entstanden ist und in den letzten Monaten in unseren Kinos gezeigt wurde, hat nicht besonders gute Noten bekommen, und ein Kassenschlager ist er nicht geworden. Und doch hat er viele Gemüter erhitzt, vornehmlich Menschen, die den Film überhaupt nie gesehen haben. Besonders schockierte das Publikum die (geträumte) Möglichkeit bzw. Versuchung Jesu, statt den Kreuzestod zu sterben, gutbürgerlich zu heiraten und Kinder in die Welt zu setzen. Als liebenswerter Gatte zweier Frauen und als weiser Vater und Großvater einer stattlichen Kinderschar sollte er einem würdigen Greisenalter entgegengehen. Für den Verfasser des Romans war dabei nicht «die Frau» die eigentliche Versuchung. Viel bedrängender und auch versuchlicher sollte die Frage sein, ob Jesus dem Willen Gottes nicht besser entspreche, wenn er in Frömmigkeit und in Gerechtigkeit ein ganz normales Leben friste, unauffällig, so wie alle anderen auch, und auf den Anspruch verzichte, etwas Besonderes sein zu wollen.

Ein Urteil über diesen Roman steht mir nicht zu, ich will aber nicht verhehlen, daß er mir einige Aspekte aufgezeigt hat, die mir sehr bedenkenswert erscheinen.

«Es steht geschrieben: . . .»
Ich möchte diese Piste jetzt nicht weiterverfolgen, sondern mich jenen Versuchungen zuwenden, von denen die Evangelisten erzählen, daß sie vom Teufel an Jesus herangetragen worden seien. Gewiß sind sie zuerst einmal als Versuchungen Jesu ernst zu nehmen, und wir sollen von diesen nicht voreilig und überstürzt auf unsere Versuchungen schließen. Die Möglichkeit wollen wir aber offen lassen, daß uns die Versuchungen Jesu Einblick gewähren in unsere eigene Versuchlichkeit. Hier der Bericht, wie ihn uns der Evangelist Matthäus aufgezeichnet hat:

Danach wurde Jesus vom Geiste in die Wüste geführt, um vom Teufel versucht zu werden. Und er fastete vierzig Tage und vierzig Nächte, dann hungerte ihn. Da trat der Versucher an ihn heran und sagte: «Wenn du Gottes Sohn bist, befiehl, daß diese Steine Brot werden.» Er aber antwortete: «Es steht geschrieben:
‹Nicht vom Brot allein lebt der Mensch, sondern von jedem Worte, das aus dem Munde Gottes kommt.› »
Darauf nahm ihn der Teufel mit in die heilige Stadt, stellte ihn auf die Zinne des Tempels und sagte zu ihm: «Wenn du Gottes Sohn bist, dann stürze dich hinab. Denn es steht geschrieben:

‹Seinen Engeln wird er dich anbefehlen, und sie werden dich auf Händen tragen, damit du deinen Fuß an keinen Stein stoßest.› »
Jesus sprach zu ihm: «Es steht auch geschrieben:
‹Du sollst den Herrn, deinen Gott, nicht versuchen.› »
Wiederum nahm ihn der Teufel mit auf einen sehr hohen Berg und zeigte ihm alle Reiche der Welt und ihre Herrlichkeit und sagte zu ihm: «Das alles werde ich dir geben, wenn du niederfällst und mir huldigst.» Da sprach Jesus zu ihm: «Hinweg, Satan! Denn es steht geschrieben: ‹Dem Herrn, deinem Gott, sollst du huldigen und ihm allein dienen.› »
Da ließ ihn der Teufel, und siehe, Engel traten herzu und dienten ihm.
(Mt 4,1-11)

Zuerst einmal fällt auf, daß Jesus wie ein Schriftgelehrter spricht. «Es steht geschrieben...», so antwortet er auf jede der drei Versuchungen. Das ist bei Jesus eher ungewöhnlich. Wenn er auch oft vom «Vater in den Himmeln» spricht und die Menschen lehrt, sich auf diesen Vater zu verlassen, so kommt es doch kaum je vor, daß er für seine Predigten und Auseinandersetzungen die Bibel bemüht. Seine Sprache ist viel unmittelbarer und direkter. Den Bibelzitaten zieht er Gleichnisse vor. Zwar klingen sie weniger theologisch, dafür sind sie farbiger und lebendiger und lassen den Gesprächspartner freier und besser zum Zuge kommen. Mit Bibelzitaten kann man Menschen erdrücken; Gleichnisse lassen ihnen Spielraum. Vielleicht ist das auch mit ein Grund, warum Jesus mit der Bibel nur sehr sparsam umging. Wahrscheinlich wußte er, daß man mit der Bibel alles beweisen kann, wenn man nur zur richtigen Zeit die richtigen Sprüche herauszieht.

Übrigens zeigt sich ja der Teufel auch als guter Bibelkenner. Bei der Aufforderung an Jesus, sich von der Zinne des Tempels zu stürzen, zitiert er den Psalm 91: «Gott wird dich seinen Engeln anbefehlen, und sie werden dich auf Händen tragen, damit du deinen Fuß an keinen Stein stoßest.»

Beim Teufel fällt überhaupt auf, daß er unwahrscheinlich geschickt vorgeht und Jesus auf etwas Bestimmtes festnageln will. Die ersten beiden Versuchungen leitet er ein mit den Worten: «Wenn du der Sohn Gottes bist...» Das erstaunt nicht. Der Evangelist schickt der Erzählung von der Versuchung die Erzählung der Taufe voraus (3,13-17). Hier heißt es u.a., daß eine Stimme aus dem Himmel gesprochen habe: «Dieser ist mein geliebter Sohn, an dem ich Wohlgefallen habe.» Offensichtlich will der Teufel herausfinden, was es mit dieser Gottessohnschaft für eine Bewandtnis habe.

Die Tatsache, daß Jesus wie ein Schriftgelehrter auftritt, was er sonst nie tut, die Tatsache, daß es dem Teufel um die Gottessohnschaft geht, die Tatsache auch, daß die ganze Erzählung wie ein Lehr- oder Streitgespräch gestaltet ist, hat die Gelehrten veranlaßt, verschiedene Fragen zu stellen.

— Geht es hier nur um Erinnerungen an ein historisches Faktum?
— Wie soll man sich vorstellen, daß der Teufel mit diesen Ansinnen an Jesus herantritt und dabei erst noch die Sprache der Bibel benutzt?
— Besteht die Abwehr des Versuchers nur darin, daß man ihm das passende Bibelzitat entgegenhält?
— Bei der dritten Versuchung weist Jesus den Teufel ab mit dem Wort: «Hinweg, Satan!» Wer ist mit dem Teufel oder mit dem Satan gemeint, wenn Jesus das gleiche «Hinweg, Satan!» auch dem Petrus entgegenschleudert? (Mt 16,23)

«Wenn du der Sohn Gottes bist...»
So sind die Gelehrten dazu übergegangen, noch ein weiteres Moment ins Spiel zu bringen. Da hat doch ein Evangelist ungefähr fünfzig Jahre nach den Ereignissen etwas aufgeschrieben, was ganz bestimmte Leute lesen sollten. Was immer damals in der Wüste zwischen Jesus und dem Teufel auch vorgefallen ist, die Leute in den 80er Jahren

hatten diese Erzählung nötig. Es wäre nun herauszufinden, warum diese Leute diese Erzählung so dringend brauchten. Was war das Problem dieser Leute? Welches waren ihre Fragen, ihre Anfechtungen, ihre Zweifel, ihre Bedrängnisse?

Wenn nicht alles täuscht, muß das mit dem Begriff «Sohn Gottes» zusammenhängen. Und in der Tat: was haben die Christen damals mit diesem Wort alles zusammengebracht? Und was bringen wir mit diesem Wort alles zusammen?

Der Teufel flüstert es ein: «Wenn du Sohn Gottes bist, dann befiehl, daß diese Steine Brot werden.» «Wenn du Sohn Gottes bist, dann stürze dich hinab von der Zinne des Tempels; dir wird doch nichts zustoßen.» Damit bringt der Teufel all die Vorstellungen über Gott zum Ausdruck, die in den Köpfen und Herzen der Menschen immer schon herumgeisterten und herumgeistern. Die Brauchbarkeit eines Gottes wird an seiner Stärke, an seiner Allmacht, an seiner Überlegenheit gemessen. Wenn Gott nicht Wunder wirken kann, wofür sollte er dann gut sein? Wenn Gott den Holocaust nicht verhindern kann, wofür sollte er dann gut sein? Wenn Gott das Böse nicht zum Guten wenden kann, wofür sollte er dann gut sein? Gott als Wunderwirker, Gott als Allmächtiger, Gott als Überlegener, Gott an den Schalthebeln der Macht.

Vergessen wir nicht, daß die christlichen Gemeinden zur Zeit des Matthäus immer wieder fasziniert waren von einer solchen Gottesvorstellung. Aus dem Gesamt des Evangeliums können wir entnehmen, daß Christinnen und Christen verfolgt wurden und daß die christlichen Gemeinden ums Überleben bangten. Da konnte man mit einem schwachen Gott und einem gekreuzigten Messias nicht viel anfangen. Hier brauchte es einen starken Gott. Einen Gott, der den Römern und Verfolgern die Stirn bot, einen Gott der seinen Gläubigen sichtbar zu Hilfe kam; einen Gott, der deutlich zeigte, wer Herr und Meister ist.

Die Gedanken Gottes

«Wenn du Sohn Gottes bist, dann befiehl, daß diese Steine Brot werden.» «Wenn du Sohn Gottes bist, dann stürze dich von der Tempelzinne: Gott wird schon dafür sorgen, daß dir nichts passiert.» Wie ein Echo finden wir diese satanischen Vorstellungen und Zumutungen am Schluß des Evangeliums. «Wenn du der Sohn Gottes bist, dann rette dich selbst und steig herab vom Kreuz» – so reden die, die am Kreuz vorübergehen (Mt 27,39-40). Und Ähnliches sagen die Hohenpriester, Ältesten und Schriftgelehrten: «Er hat auf Gott vertraut; der soll ihn jetzt auch retten... Er hat doch gesagt, er sei Gottes Sohn» (27,41-43). Die Spötter unter dem Kreuz, seien es Leute, die vorübergehen, seien es Hohepriester, Theologen oder Ratsherren, sie sprechen wie der Teufel, und ihre Gedanken sind satanische Gedanken. Dieser Vorwurf kann auch dem Petrus nicht erspart bleiben. Er hat einmal ein geradezu unüberbietbares Glaubensbekenntnis zu Jesus abgelegt: «Du bist der Messias, der Sohn des lebendigen Gottes» (Mt 16,16). Das ist fantastisch. Die Frage ist nur die, was das heißt. Daß das eben auch ein satanisches Bekenntnis sein kann, zeigt die unmittelbar darauf folgende Szene. Da spricht Jesus von seinem Leiden und Sterben. Für Petrus sind Leiden und Sterben mit seinem Bekenntnis zum Sohn Gottes nicht vereinbar. Er nahm, – so heißt es – «Jesus auf die Seite und fing an, ihm Vorhaltungen zu machen und zu sagen: Das verhüte Gott, Herr! Niemals darf dir das widerfahren!» (16,22). Auch für Petrus muß Gott ein starker, ein überlegener, ein allmächtiger Gott sein, ein Gott, mit dem man auftrumpfen kann. Die Reaktion Jesu ist sattsam bekannt: «Hinweg von mir, Satan! Du bist ein Ärgernis für mich. Denn du denkst nicht die Gedanken Gottes, sondern die der Menschen» (Mt 16,23).

Warum diese Strenge? Gewiß, es geht um die Frage nach Gott und um die Frage nach dem Sohn Gottes. Es geht um die Frage, welches denn die «Gedanken Gottes» sind, die

die Menschen denken sollen. Es geht um das Geheimnis Gottes, das die Menschen erkennen sollen. Gott will nicht kraftvoll am Drücker stehen; er hat sich der Solidarität verschrieben. Er will nicht über den Menschen stehen; er will mit ihnen sein, liebend und in seiner Liebe verletzlich – bis zum Tod.

Versuchte und Versucher
Bei dieser Frage nach Gott und seinem Sohn geht es aber auch um den Menschen. Wir sind gewohnt zu sagen, es spiele doch keine so große Rolle, an was für einen Gott oder an was für Götter Menschen glauben. Religion sei Privatsache. Machen wir uns nichts vor! So oder so färbt das, was wir «Glaube» nennen, immer auf das Leben des Menschen und seiner Mitmenschen ab. Wer einen allmächtigen, überlegenen, starken, imponierenden Gott verehrt, wird diese «göttlichen Eigenschaften» auch im eigenen Leben für erstrebenswert halten. Überlegenheit, Macht, Stärke, Einfluß werden seine großen Ideale sein. Er wird versuchen, «nach oben» zu kommen, reich zu werden, gebildeter zu sein als die anderen, ein größeres Prestige zu haben. Und er wird all das zum Feind erklären, was ihm auf diesem Weg nach oben hinderlich ist: Armut, Krankheit, Schwäche, Sensibilität, Gewaltverzicht. Damit erklärt er bewußt oder unbewußt auch die entsprechenden Menschen zu seinen Feinden: die Armen, die Kranken, die Schwachen, die Verfolgten, die Rechtlosen, die Militärdienstverweigerer, die Untüchtigen, die Sensiblen.

Die Auseinandersetzungen um den «richtigen» Gott finden darum nicht so sehr in Gebetsgruppen und theologischen Diskussionsrunden statt, sondern im täglichen, ökonomischen, politischen und ideologischen Konkurrenzkampf unter den Menschen, wo es eben darum geht, den «stärkeren» Gott hinter sich zu bringen: an der Börse, in chemischen Laboratorien, in Shopping-Center, bei der Ausarbeitung von Rüstungsvorlagen, in Diskussionen um die Verschuldung der Dritt-Welt-Länder... Nicht ausnehmen möchte ich theologische Institute und Kirchenleitungsgremien, in denen sich Karrieredenken und Machtdünkel breit machen können wie sonstwo auch. Der starke Gott steht an der Seite der Starken und der Sieger. Bete, und du wirst reich!

Satan? Er ist nicht das gehörnte Unwesen mit den Bocksfüßen. In unserer Erzählung von der Versuchung Jesu zitiert er die Heilige Schrift und lädt dazu ein, Gott zu vertrauen.

Ja, diese Erzählung von der Versuchung Jesu in der Wüste! Da hat man den Eindruck, man befinde sich in einer Art Märchenwelt mit Engeln und Teufeln, mit Entrückungen und Visionen. Und die Gespräche vermitteln den Eindruck von gelehrten Theologendiskussionen. Und bei näherem Betrachten geht es um der Menschen tiefste Existenzfragen. Wir sind Versucher und Versuchte zugleich, hin und hergerissen von Macht und Ohnmacht, von Vertrauen und Verzweiflung, von Demut und Arroganz. Und was hat Jesus dem Versucher entgegenzuhalten? Oberflächlich gesehen sind es ein paar Bibelsprüche. Doch das allein wird es ja nicht sein. Auch der Teufel zitiert die Bibel. In der Frage nach der Gottessohnschaft setzt Jesus nicht auf das Wunder, sondern auf das Hören auf Gott. In der Frage nach der Gottessohnschaft setzt Jesus nicht auf Sensationen, sondern auf Selbstbescheidung. In der Frage nach der Gottessohnschaft setzt Jesus nicht auf die Unterwerfung der Welt, sondern auf den Dienst.

Reicher, tüchtiger, mächtiger
«Führe uns nicht in Versuchung.» Ich denke, daß diese Versuchung zwei Seiten hat, die zueinander gehören und einander bedingen. Betrachten wir die eine Seite. Da ist zuerst einmal die Versuchung, alles haben zu wollen und haben zu können. So weit sind wir – im Westen haupt-

sächlich — gekommen. Blicken wir auf die Entwicklung der letzten fünfzig Jahre! Es gibt kaum mehr etwas, das wir in unseren Einkaufszentren nicht kaufen können oder wenigstens haben möchten. Was für Orgien feiert doch der Konsumismus: Sämtliche, auch christliche Feste sind ihm zum Opfer gefallen. Und wie seelenlos wir dabei geworden sind! Noch nie war die Vereinsamung so groß. Jedes Jahr mehr Hungertote, mehr Verkehrstote, mehr Drogentote. Das Haben kann den Menschen nicht glücklich machen. Im Gegenteil, wir gaukeln uns nur etwas vor. — «Nicht vom Brot allein lebt der Mensch.»

Ein weiteres ist die Machbarkeit. Heute werden Sachen produziert, von denen wir vor zwanzig Jahren höchstens träumten. Es hat sich an uns das Wort erfüllt: «Ihr werdet sein wie Gott» (Gen 2,5). Atomkraftwerke, Computerisierung, Gentechnologie usw. lassen uns plötzlich die Frage stellen: Darf man denn auch wirklich all das tun, was man tun kann? Aber es ist so schwer, von der Faszination des Machbaren abzukommen. Dabei entgleitet uns so vieles: die Wälder, die Seen, die Luft, die menschlichen Beziehungen. Es ist leichter, auf den Mond zu fliegen, als bei einem Ehepartner auszuharren. Der Mondflug kann ja auch mehr von sich reden machen. — «Du sollst den Herrn, deinen Gott, nicht versuchen.»

Ein weiteres ist die Macht. Um nach oben zu kommen, um Geld und Wohlstand und Einfluß zu haben, tun wir buchstäblich alles. Unsere ganze Erziehung, unser Schulsystem, unsere Berufsausbildung und noch vieles mehr ist doch darauf ausgerichtet, uns im Konkurrenzkampf zu unterstützen, damit wir Sieger werden und Sieger bleiben. Wie herrlich ist es doch, oben zu stehen. Und wenn man nicht ganz nach oben kommt, ist es immer noch gar nicht so schlecht, jemanden über sich zu haben, der den Erhalt des Systems garantiert. Unterstützt werden wir dabei durch ein milliardenschweres Reklamewesen, das von überall her auf uns einwirkt: schneller, tüchtiger, reicher, sauberer, eindrucksvoller zu sein als die andern. Und es kümmert uns kaum, wenn Millionen von Menschen dabei unter die Räder kommen: Frauen, Betagte, Kinder, Untüchtige, Zurückgebliebene. – «Dem Herrn, deinem Gott, sollst du huldigen und ihm allein dienen.»

Die Versuchung der Resignation
Aber jetzt muß ich noch von der andern Seite der Versuchung sprechen, von dem, was alles noch viel schwieriger macht. Probieren Sie doch einmal, das Vaterunser nicht nur zu beten, sondern es auch zu leben: auf das Reich Gottes zu setzen und nicht auf die eigene Überlegenheit, auf die Liebe und nicht auf das eigene Kalkül, auf das Verzeihen und nicht auf das eigene Recht, auf das Teilen und nicht auf den eigenen Wohlstand, auf die Qualität und nicht auf die Quantität, auf das Sein und nicht auf den Schein – und Sie werden die Erfahrung machen, daß Sie auf der ganzen Linie den kürzeren ziehen; daß Sie sich geprellt und betrogen vorkommen; daß Sie im Stich gelassen, ja verspottet werden; daß vom Reich Gottes nichts zu spüren und zu sehen ist, nichts von der verheißenen Gerechtigkeit und nichts von Versöhnung. Und jetzt sehen Sie, wie übergroß die Versuchung wird: die Versuchung zu resignieren, aufzugeben, alles über Bord zu werfen. Das bedeutet dann aber auch, es doch wieder mit den «bewährten» Mitteln zu probieren: Wenn ich einmal oben bin, werde ich meinen Einfluß für die Unterdrückten besser geltend machen können; wenn ich einmal reich bin, werde ich mich besser für die Armen einsetzen können; wenn wir einmal genug aufgerüstet haben, werden wir besser und glaubwürdiger für den Frieden einstehen können. Und Sie werden sich eine ganze Reihe von höchst einsichtigen, sogar frommen Sprüchen zunutze machen, die Sie dabei unterstützen:
– Hilf dir selbst, dann hilft dir Gott.
– Jeder ist sich selbst der Nächste.

- Wer nicht arbeitet, soll auch nicht essen.
- Wer zahlt, befiehlt.
- Je größer die Leistung, desto größer der Lohn.
- Wenn du Frieden willst, bereite den Krieg vor.

Die Versuchung Jesu in der Wüste ist offensichtlich auch unsere täglich wiederkehrende Versuchung: uns gegenüber den Mitmenschen und uns selbst mit Besitz und mit Gewalt behaupten zu müssen. Und das erst noch mit den frömmsten Motiven. Wir meinen es doch alle nur gut.

Es ist uns und unserer Umwelt deutlich genug anzusehen, wie wenig wir dieser Versuchung gewachsen sind ...

Das Gebet am Schluß des Vaterunsers klingt wie ein verzweifelter Aufschrei: «Führe uns nicht in Versuchung!»

Satanisches beim Namen genannt
Vielleicht erahnen wir jetzt auch ein wenig, was mit dem Bösen gemeint sein könnte, wenn wir abschließend sagen: «...sondern erlöse uns von dem Bösen.» Es wird uns kaum weiterhelfen, wenn wir wissenschaftlich exakt herausbringen, wer mit dem «Bösen» gemeint ist: Ist es der Böse, oder ist es das Böse? Und zwar wird es uns deswegen kaum weiterhelfen, weil wir weder den Bösen noch das Böse ernst zu nehmen bereit sind. Das klingt jetzt sehr hart; aber hie und da habe ich den Eindruck, wir seien Meister im Verharmlosen. Das Verharmlosen ist eine äußerst gefährliche Vernebelungsstrategie. Sie läßt dem Gegner, dem Bösen freie Hand, so daß dieser unbemerkt nur noch stärker werden kann.

In ziemlich regelmäßigen Abständen tritt besonders unter sogenannten Christenmenschen die heftig diskutierte Frage auf, ob es einen Teufel gebe oder nicht. Besonders Unbedarfte stellen die Frage ganz direkt: «Glaubst du an den Teufel, ja oder nein?» Die Diskussionen können endlos dauern. Das Ende ist meistens dann angezeigt, wenn einer der Diskussionsteilnehmer sagt: «Genau das ist das Teuflische am Teufel, genau darin besteht seine besondere Raffiniertheit: daß er die Menschen dazu bringt, ihn zu leugnen. Er hat dann um so freiere Hand und freieres Spiel.»

Ob es einen Teufel gibt oder nicht, kann ich nicht beurteilen. Ich meine aber, daß der eben erwähnte Diskussionsteilnehmer etwas Richtiges sieht. Am raffiniertesten und gefährlichsten wirkt der Teufel sicher dann, wenn er von seiner Existenz ablenken kann, wenn er sich so im Nebel auflöst, daß ihn niemand mehr zu sehen und dingfest zu machen vermag. Eine mindestens ebenso gefährliche, wenn nicht sogar gefährlichere Täuschung bestünde allerdings darin, daß der Teufel sich so interessant machen, daß er derart alle Aufmerksamkeit auf sich lenken würde, daß wir das Böse in der Welt und in uns gar nicht mehr bemerkten. Es hat Zeiten gegeben, in denen Exorzisten Teufel ausgetrieben haben mit sehr viel Formeln und sehr viel Weihwasser und mit beachtlicher Publizität, aber weder den Exorzisten noch dem Publikum wäre es in den Sinn gekommen, im Zusammenhang der Leiden der Besessenen nach politischen oder kirchlichen Autoritäten zu fragen, die machthungrig und gnadenlos auf den Armen und Ausgesaugten herumtrampelten und sie in schreckliche Gewissenskonflikte und Selbstanklagen hineintrieben. Ob das «Kind» nun den Namen «Satan» oder «Teufel» oder «Böses» trägt, immer wird es von sich abzulenken versuchen; immer wird es sich besser hinstellen als es ist; immer wird es tausend fromme Gründe haben für seine uneigennützige Existenz; und in verschiedensten und widersprüchlichsten Masken wird es auftreten. Hier sind nicht so sehr gescheite Diskussionen vonnöten, erst recht nicht übereilige Schuldzuweisungen. Was nottut, sind Wachheit, Besonnenheit und Realismus. Christinnen und Christen haben vor allem offene Augen zu haben und kritisch den Wirklichkeiten gegenüberzutreten. Sie sollen nicht nur arglos wie die Tauben, sondern auch klug wie die Schlangen sein (vgl. Mt 10,16). Für sie ist Hunger nicht einfach Schicksal. Mit diesem Wort wollen die Satten sich ja nur entschuldigen. Für wache Augen ist Hunger Ungerechtigkeit. Aufrüstung ist nicht Sachzwang. Mit diesem Wort wollen Politiker und Militärs und Rüstungsindustrie sich rechtfertigen. Für wache Christinnen und Christen ist Rüstung Blindheit gegenüber den Leiden der Welt. Und so könnte man noch lange fortfahren. Manche sogenannte Entwicklungshilfe ist nicht Entwicklungshilfe, sondern verbrämte Profitmacherei. Manche Bestimmungen zur Ausländerfrage zeugen nicht von politischer Klugheit, sondern von nationalem Egoismus. Manche Produktionszweige der Industrie dienen vorerst nicht dem Erhalt von Arbeitsplätzen, sondern der wirtschaftlichen Expansion. Mancher Aufruf zur Einheit geschieht nicht aus Sorge um das Leben der Gemeinschaft, sondern aus Sorge um die eigene Machterhaltung. Und was sich als Gehorsam präsentiert, ist oft nichts anderes als Flucht vor Verantwortung.

Die Hoffnung auf den befreienden Gott
«Erlöse uns von dem Bösen.» Dieses Böse, so geheimnisvoll es auch ist, es ist nicht einfach eine undefinierbare, anonyme Macht. Es hat Namen wie Ungerechtigkeit, Profitgier, Gewalt, Egoismus, Teilnahmslosigkeit usw. Und es gibt kaum einen Bereich in unserem privaten und gesellschaftlichen Leben, in dem wir nicht in dieses Böse hineinverstrickt wären, so daß es uns sowohl unfaßbar wie übermächtig vorkommt. Wer um Erlösung von dem Bösen und von der Verstrickung in das Böse bittet, gibt zu, daß er selbst ohnmächtig ist und hofft auf den befreienden Gott. Dieser befreiende Gott wird uns die Befreiung nicht aufzwingen – das wäre ja ein fürchterlicher Widerspruch; er wird uns zur Freiheit einladen, einladen, an seinem Erlösungs- und Befreiungswerk mitzuarbeiten.

So liegt über der letzten Bitte des Vaterunsers doch noch ein Hoffnungsschimmer, und die Bitte selbst legt sich gut um die zentrale Bitte des Vaterunsers, die Bitte um das Kommen des Reiches. Wer um die Erlösung und Befreiung vom Bösen bittet, hofft auf den befreienden Gott und wagt jetzt schon den Aufstand gegen Hunger und Ungerechtigkeit, gegen Betrug und Falschinformationen, gegen Unterdrückung und Vergewaltigung – und auch gegen die eigene Verstrickung in das Böse. Und Menschen, die den himmlischen Vater, die himmlische Mutter um Befreiung vom Bösen bitten, werden sich verbrüdern und verschwestern, um miteinander diese Hoffnung zu teilen und miteinander den Aufstand zu wagen.

Denn dein ist das Reich und die Kraft und die Herrlichkeit in Ewigkeit

Anbetung

Bewegte Geschichte
Die Älteren unter uns erinnern sich, daß sie das Vaterunser gebetet haben ohne den lobpreisenden Abschluß: «Denn dein ist das Reich und die Kraft und die Herrlichkeit in Ewigkeit. Amen.» Ja in diesem Vaterunser-Schluß zeigte sich früher der Unterschied im Beten zwischen Katholiken und Protestanten. Die Protestanten beteten diesen Schluß, während die Katholiken nach der letzten Bitte: «Und führe uns nicht in Versuchung, sondern erlöse uns von dem Bösen» gleich das «Amen» sagten.

Was ist hier geschehen? Haben die Protestanten eine andere Bibel als die Katholiken? Und warum haben sich die Katholiken den Protestanten angepaßt? Haben sie damit nicht (einmal mehr) etwas Eigenes der sogenannten Ökumene opfern müssen?

Vielleicht ist meine Antwort etwas kompliziert; im Grunde genommen ist sie sehr einfach. Der lobpreisende Abschluß für sich genommen ist viel älter als das Vaterunser, das uns Matthäus und Lukas überliefern; aber dieser Lobpreis ist erst später zum Vaterunser hinzugekommen.

Das ist leicht festzustellen. Die ältesten und besten Handschriften des Neuen Testamentes kennen diesen Abschluß nicht. In unserer Bibel finden wir ihn höchstens in den Fußnoten. Ursprünglich hörte das Gebet nach Lukas so auf: «Und führe uns nicht in Versuchung»; die Version im Matthäus-Evangelium fügte hinzu: «...sondern erlöse uns von dem Bösen.» Es stand nicht einmal ein «Amen».

Als die ersten Christinnen und Christen das Vaterunser beteten, empfanden sie diesen Abschluß als zu abrupt. Wenigstens ein «Amen» sollte man doch noch hinzufügen, wie das ja bei anderen Gebeten auch die Regel ist. Besser wäre es freilich, wenn man ein so schönes Gebet mit einem Lobpreis beenden würde. Kurze, lobpreisende Formulierungen haben sich in die Gebete damals zuhauf eingeschlichen. Man mußte sie nicht einmal erfinden; sie lagen auf aller Zunge. Die Bibel, das Alte Testament selbst, bot viele solche Formulierungen an. So überliefert das 1. Buch der Chronik ein Gebet des Königs David, in dem es u.a. heißt:

> Gepriesen seist du, Herr, Gott unseres Stammvaters Israel, vom Anfang der Zeiten bis in alle Zukunft! Dir, Herr, gehören Größe und Kraft, Ehre und Hoheit und Pracht! Alles im Himmel und auf der Erde ist dein Eigentum; dir gehört alle Herrschaft und Macht! Du teilst Reichtum und Ansehen aus und gibst Kraft und Stärke dem, den du groß und mächtig machen willst. Du bist der Herr über alles! Darum wollen wir dir, unserem Gott, danken und deinen herrlichen Namen rühmen. (1Chr 29,10b-13)

So haben christliche Gemeinden schon sehr früh das Vaterunser mit einem Lobpreis geschlossen, und Bibelabschreiber konnten sich gar nicht mehr vorstellen, daß dieser Lobpreis beim Vaterunser, wie Jesus es seine Jünger lehrte, gefehlt haben könnte. Wenn in einer Bibel der Lobpreis fehlte, betrachteten sie das als eine zufällige oder irrtümliche Auslassung und fügten den Lobpreis an. Alle nachfolgenden Abschreiber haben diesen Lobpreis wacker mitgeschrieben in der Meinung, er gehöre ursprünglich zum Vaterunser. Als dann freilich das griechische Neue Testament ins Lateinische übersetzt wurde, hatten die Übersetzer alte Bibeln, in denen der Lobpreis noch fehlte. Von sich aus wollten die Übersetzer ihn nicht hinzufügen. Und so kommt es, daß in der lateinischen Kirche das Vaterunser ohne abschließenden Lobpreis gebetet wurde.

In ihrer Verehrung für die Heilige Schrift gaben sich die Reformatoren mit den lateinischen Übersetzungen der Bibel nicht zufrieden und wollten auf den griechischen Urtext zurückgreifen. Sie benutzten dabei aber nicht die alten Bibeln, wie die lateinischen Übersetzer sie in Händen hielten und in denen der Lobpreis fehlte, sondern sie benutzten griechische Abschriften, in denen der Lobpreis stand. Daher kommt es, daß die protestantischen Kirchen den Lobpreis am Schluß des Vaterunsers immer mitbeteten.

Im Zuge der ökumenischen Revision des Vaterunsers, wie es in der Liturgie gebetet wird, hat dann auch die römisch-katholische Kirche den Lobpreis übernommen. Er ist nicht eine Erfindung der Protestanten, sondern viel, viel älter und geht seinem Inhalt nach sogar ins Alte Testament zurück.

Ein Trompetenstoß
Der Rückblick auf die Geschichte des Textes mag recht amüsant sein. Wichtiger ist die Beobachtung, daß Christinnen und Christen durch all die Jahrhunderte hindurch um das Vaterunser und seine Formulierungen immer wieder neu gerungen haben. Das Ringen um das Verstehen bleibt auch uns nicht erspart.

Das Problem des abschließenden Lobpreises liegt aber nicht so sehr in der Geschichte. Ein kritischer junger Mann, der sich offensichtlich schwertat, diesen Lobpreis an das bisher vertraute Vaterunser anzuschließen, formulierte es vor Jahren einmal so: «Das Vaterunser hat mir immer Eindruck gemacht durch seine Schlichtheit, Bescheidenheit und Kürze. Warum wird jetzt ein so nichtssagender und hohler Trompetenstoß angehängt? Ist das nicht ein Zeichen dafür, daß die Christen und Christinnen mit diesem schlichten Gott doch nicht so recht zu Rande kommen? Daß sie doch das Bedürfnis haben, diesen Gott (und damit wohl auch sich selbst) ‹aufzuladen› mit Reich und mit Kraft und mit Herrlichkeit und mit Ewigkeit? Ist das nicht ein Zugeständnis an den Wunsch der Menschen, mit ihrem Gott (und darum auch mit sich selbst) auftrumpfen zu können?»

Ich verstehe den jungen Mann gut, und vielleicht hat er sogar recht. Aber wer etwas vom Gebet Jesu und von den ersten christlichen Gemeinden verstanden hat, wird sich diesen «Trompetenstoß», wie der junge Mann sich ausdrückte, nicht wieder wegnehmen lassen. Gerade bei so gewichtigen Worten wie Reich und Kraft und Herrlichkeit ist es wichtig, genau hinzusehen, wie das im Vaterunser, aber auch im Leben Jesu «funktioniert». Bei Jesus ist das alles «nicht von dieser Welt» (vgl. Joh 18,36). Das heißt nicht, daß es nicht realistisch oder nicht praktikabel wäre. Das heißt vielmehr, daß die Maßstäbe und die Kriterien, mit denen gemessen werden muß, völlig andere sind als die unseren. Wenn wir von Kraft reden, denken wir an PS, an Muskeln, an Konkurrenz, an wirtschaftliche und politische Überlegenheit, an Durchsetzungsvermögen, an Einfluß. Für Jesus hat Gott auch Kraft. Sie «funktioniert» aber anders. Bei Jesus zeigt sich die Kraft Gottes darin,

- daß er sich entschieden den Armen und Unterdrückten zuwendet: die gekrümmte Frau läßt er aufrecht gehen (Lk 13,10-17);
- daß er die Tabus brechen kann, wenn er einen Menschen leiden sieht: der Wassersüchtige ist ihm wichtiger als der Sabbat und die Freundschaft der Theologen (Lk 14,1-6);
- daß er inmitten der todbringenden Strukturen der

damaligen Wirtschaft und Politik für das Leben eintritt und Leben fördert: die Armen und Hungernden beglückwünscht er, weil er fest daran glaubt, daß Gott auf ihrer Seite steht (Lk 6,20-21);
— daß er sich in einer Gesellschaft, die auf Profit und Gewinnmaximierung aus ist, das Un-nütze aussucht: die an Blutungen leidende Frau will er als vollberechtigtes Glied der Gesellschaft (Mk 5,25-34);
— daß er sich vor diejenigen stellt, die von den religiösen Machthabern ausgegrenzt und mit Vorurteilen bedacht werden: es ist ihm nicht peinlich, wenn ihm die stadtbekannte Sünderin die Füße mit Tränen benetzt, sie mit den Haaren trocknet, sie küßt und sie mit kostbarem Salböl salbt (Lk 7,36-50).

Das ist Kraft, wie Jesus sie versteht. Eine Kraft, die mit unseren Zahlen und Berechnungen nicht aufgerechnet werden kann, weil es eine Kraft ist, die wahrhaft Leben zu wirken und Hoffnung zu stiften mag.

Herrlichkeit und Kreuz
Herrlichkeit ist auch so ein schwieriger Ausdruck. Sein ursprünglicher Sinn ist «schwer sein», «Gewicht haben» und meint das Imponierende und Beeindruckende eines Menschen. Abrahams Herrlichkeit sind seine Herden; Salomos Herrlichkeit sind seine Streitmacht und sein Königshof. Meine Herrlichkeit besteht in meinem sozialen Status und in der Anzahl der Bücher, die ich schreibe. Die Herrlichkeit einer Firma besteht im Jahresumsatz, und die Herrlichkeit des Kirchenchors ist ersichtlich an den Trophäen, die er sich bei Wettbewerben ersungen hat, und an der Anzahl kirchlicher und weltlicher Auftritte.

Und die Herrlichkeit Gottes? Gewiß, besonders im Alten Testament ist Gott auch äußerlich auf gewichtige und imposante Art aufgetreten. So wenigstens versuchten die Verfasser der Bibel die Erfahrungen mit Gott in Worte zu kleiden. Am Sinai begleiteten ihn Blitz und Donner.

Die Israeliten erfuhren ihn in Wundern und Machttaten. Nicht nur das: die ganze Schöpfung kündete die Herrlichkeit Gottes. Und der Psalmist bittet darum, daß die Herrlichkeit Gottes sich allerorts ausbreite, wohl auch in dem Sinn, daß sie auch allerorts von den Menschen erkannt und anerkannt werde (Ps 19,2). Aber je weiter wir lesen, desto geheimnisvoller zeigt sich Gottes Herrlichkeit.

Nicht so sehr das, was äußerlich von Gott in Erscheinung tritt, ist Herrlichkeit Gottes; mit Herrlichkeit Gottes meint man mehr und mehr Gottes unverwechselbares *Du*. Und dieses Du kann man eben nicht auf eine bestimmte Art und Weise festlegen. Für diejenigen, die unten durch müssen, zeigt sich die Herrlichkeit Gottes darin, daß sie wieder aufstehen und Mut fassen können (Jes 35,1-4). Für die Armen zeigt sich Gottes Herrlichkeit darin, daß er sich ihnen zuwendet (Ps 102,17). Das unverwechselbare Du Gottes ist doch letztlich sein Erbarmen, seine Liebe, die bedingungslos ist und keine Grenzen kennt. Und es ist dann nicht mehr als konsequent, wenn der Evangelist Johannes im Tod Jesu die letztgültige und unüberbietbare Offenbarung der Herrlichkeit Gottes sieht.

Herrlichkeit, die leben läßt
Das ist die Herrlichkeit, wie Jesus sie versteht. Für westliche Menschen des ausgehenden 20. Jahrhunderts ist Herrlichkeit etwas ganz anderes. Das verrät beispielsweise ein Blick auf die Fernsehreklame und die Prospekte, die einem fast täglich ins Haus flattern: Computer, Teletex, Kreditkarten; Jumbo-Jets, Safari, Sextourismus; Vierrad-Antrieb, Swimming-Pool, Gondelbahnen; Gänseleber, Kalbsfilets, Scampi à l'Indienne..., eine Herrlichkeit, die uns in diesem Jahrhundert Hekatomben von Toten, Verseuchten, Verhungerten gebracht hat; Tausende von Quadratkilometern an Wüste, abgeholzten Wäldern, verbetoniertem Boden; Millionen von Flüchtlingen, Obdachlosen, Gefangenen; eine Herrlichkeit, die ungezählten

Tier- und Pflanzensorten den Garaus gemacht, Gewässer vergiftet und die Luft verpestet hat.

Die Herrlichkeit Gottes hingegen, wie Jesus sie versteht, wird dort sichtbar, wo Leben keimt, umhegt von unverbrauchter Liebe und unbeirrbarer Treue.

«Dein ist das Reich und die Kraft und die Herrlichkeit in Ewigkeit.» Es ist ein Unterschied, ob ich mir Reich und Kraft und Herrlichkeit nehme, oder ob ich anerkenne, daß sie Gott und einzig und allein Gott zukommen. Am deutlichsten zeigt sich das, wenn ich beobachte, wie ich konkret mit Macht und Herrlichkeit umgehe: ob meine Macht aufrichtet oder niederreißt, ob sie unterdrückt oder Freiheit bringt, ob sie verletzt oder heilt,

– wenn wir als Eltern den Kindern gegenüberstehen oder als Lehrer den Schülern oder als Männer den Frauen;
– oder wenn wir im Wagen sitzen und mit Radfahrerinnen und Radfahrern und Fußgängerinnen und Fußgängern am Straßenverkehr teilnehmen;
– oder wenn wir als Hausbesitzer mit den Mietern, als Arbeitgeber mit den Arbeitnehmerinnen verhandeln;
– oder wenn wir als Priester oder Bischöfe mit den sogenannten Laien zusammenarbeiten.

Es ist ein Unterschied, ob ich meine Macht für mich in Anspruch nehme, um dem andern überlegen zu sein, die Natur auszunutzen, karrieremäßig vorwärtszukommen, oder ob ich Gott allein die Macht zuerkenne und mich hineinnehmen lasse in seinen liebenden und befreienden Zug, der nicht Aneignung und Unterdrückung bedeutet, sondern Befreiung und Entfaltung bringt für Mensch und Natur.

«Denn dein ist das Reich und die Kraft und die Herrlichkeit in Ewigkeit.» In einer kaputten Welt wenden wir uns ab von todbringenden Mechanismen, Strukturen, Dogmen und Ideologien und verschreiben uns dem, was dem Leben dient. Das ist Anbetung im eigentlichen Sinn des Wortes – falls wir vergessen haben, was das ist; nicht nur, weil das auch so ein schwieriges Wort ist, sondern mehr noch, weil wir Angst haben, uns zu verlieren.

Auf die Macht des Lebens und der Liebe setzen, läßt uns nichts verlieren, am wenigsten uns selbst. Und wenn schon: wir werden alles gewinnen.

Gebet
Gott,
wer sein Leben verliert, wird es gewinnen,
so sprach dein Sohn und so lebte er auch.

Laß uns verstehen, was Anbetung heißt:
du allein in der Mitte unseres Denkens und Tuns:
dein Atem, der zum Leben verhilft,
deine Freundschaft, die aufrichtet,
dein Verzeihen, das neu schafft.

Laß uns das Maß unseres Trachtens
an deiner Herrlichkeit nehmen:
alles über Bord werfen,
was uns und andere versklavt,
an allem festhalten,
was der Gerechtigkeit und dem Frieden dient,
verschwenderisch sein mit der Liebe, die befreit.
Nimm uns die Angst, uns zu verlieren;
denn in der Suche nach dir finden wir Hundertfaches:
Schwestern und Brüder,
geheiligte Schöpfung,
Hoffnung und Freude...

Theologie Aktuell bei Edition Exodus

C. F. Beyers Naudé/Al Imfeld
Widerstand in Südafrika
Apartheid – Kirchliche Opposition – Solidarität
Theologie Aktuell 4
Edition Exodus 1986; 123 Seiten, DM/Sfr 14,80

Kuno Füssel
Im Zeichen des Monstrums
Zur Staatskritik der Johannes-Apokalypse
Theologie Aktuell 5
Edition Exodus 1986; 89 Seiten, DM/Sfr 13,80

Walter J. Hollenweger
Mirjam, Mutter
Michal: Die Frauen meines Mannes
Zwei Monodramen
Theologie Aktuell 6
Edition Exodus 1987; 118 Seiten, DM/Sfr 14,80

Doris Strahm
Aufbruch zu neuen Räumen
Eine Einführung in feministische Theologie
Theologie Aktuell 7
Edition Exodus 1987 (2. Auflage); 155 Seiten, DM 17,80/Sfr 15,80

Frei Betto
Zeichen des Widerspruchs
Gespräche über Politik – Religion – Ordensleben –
Volksbewegungen – Jugend in Lateinamerika
Theologie Aktuell 8
Edition Exodus 1989; 102 Seiten, DM 16,80/Sfr 15,70